INVENTORES
E SUAS IDEIAS BRILHANTES

Dr. Mike Goldsmith
Ilustrações de Clive Goddard
Tradução de Antônio Xerxenesky

Copyright do texto © 2002 by Dr. Mike Goldsmith
Copyright das ilustrações © 2002 by Clive Goddard

O selo Seguinte pertence à Editora Schwarcz S.A.

Grafia atualizada segundo o Acordo Ortográfico da Língua
Portuguesa de 1990, que entrou em vigor no Brasil em 2009.

Título original:
Inventors and their bright ideas

Preparação:
Mell Brites

Revisão:
Mariana Zanini
Marise Leal

Dados Internacionais de Catalogação na Publicação (CIP)
(Câmara Brasileira do Livro, SP, Brasil)

Goldsmith, Mike
Inventores e suas ideias brilhantes / Mike Goldsmith; ilustrado
por Clive Goddard; traduzido por Antônio Xerxenesky. — São Paulo:
Companhia das Letras, 2011.

Título original: Inventors and their bright ideas.
ISBN 978-85-359-1885-4

1. Invenções — História — Literatura infantojuvenil 2. Invenções
— Literatura infantojuvenil I. Goddard, Clive II. Título. III. Série

11-07405   CDD-028.5

Índices para catálogo sistemático:
1. Invenções: História: Literatura infantojuvenil   028.5
2. Invenções: Literatura infantojuvenil   028.5

21ª reimpressão

Todos os direitos desta edição reservados à
EDITORA SCHWARCZ S.A.
Rua Bandeira Paulista, 702, cj. 32
04532-002 — São Paulo — SP — Brasil
Telefone: (11) 3707-3500
www.seguinte.com.br
contato@seguinte.com.br

f /editoraseguinte
ᐳ @editoraseguinte
▶ Editora Seguinte
◙ editoraseguinteoficial

SUMÁRIO

Introdução	5
O antigo Arquimedes e seu maquinário ameaçador	8
Leonardo da Vinci e seu submarino secreto	26
Procuram-se inventores	44
James Watt e sua máquina de quente e frio	49
George Stephenson e suas arriscadas ferrovias	65
Thomas Edison e suas inúmeras invenções	89
Alexander Graham Bell e seu telefone irritante	108

Os irmãos Wright e suas máquinas voadoras	134
Guglielmo Marconi e suas transmissões da letra "S"	154
John Logie Baird e sua televisão giratória	173
Nós, os inventores	197
Invenções superfamosas: da roda à espaçonave em poucos quadrinhos	203

INTRODUÇÃO

Se não fosse por seja lá quem inventou a leitura e por seja lá quem inventou as introduções, você não estaria lendo este texto agora. Já pensou nisso? Devemos muito aos bons e velhos inventores... Você provavelmente consegue se lembrar de vários deles e das suas fantásticas criações e descobertas.

Todo mundo parece saber algo a respeito deles. No entanto, geralmente estão enganados! (Ainda bem que você comprou este livro...)

O que acontece é que, na maioria das vezes, os inventores mortos e famosos não criaram de fato aquilo por que ficaram famosos. E este livro é cheio de surpresas dessas — isso sem contar a aparição de um cachorro falante!

Aqui você descobrirá quem *realmente* inventou essas grandes coisas, assim como por que as pessoas neste livro merecem a fama que têm — afinal, ser um inventor pode significar mais do que simplesmente ter sido o primeiro a ter aquela ideia original.

Bem, um inventor *pode* ser:
- a primeira pessoa a ter aquela ideia em particular, o que faria de Leonardo da Vinci um inventor realmente de primeira;
- a pessoa que fez a primeira versão de algo, como Thomas Edison;
- a primeira pessoa a fazer algo funcionar tão bem que todos passam a admirar e querer aquele invento, como Guglielmo Marconi;
- a primeira pessoa a patentear* algo, como Alexander Graham Bell.

Neste livro, "inventor" pode significar qualquer uma dessas coisas.

Juntos, esses homens bolaram uma boa parte dos inventos mais importantes do mundo. Mas nem todas as descobertas são mérito deles, é claro. Algumas coisas realmente brilhantes foram criadas por desconhecidos — como a roda, os relógios e os bolsos. Outras foram inventadas pela soma do trabalho de muitas pessoas, que em alguns casos le-

---

* Você saberá tudo sobre patentes na página 47.

Introdução

varam décadas ou até séculos para chegar ao resultado final — como o computador, a espaçonave ou o piano (que levou mais de 2 mil anos até ser finalizado e precisou de mais 2 mil outras invenções para se aperfeiçoar!). Mas, como este livro trata de inventores famosos, não de invenções famosas, essas curiosidades não são tão relevantes para nós.

Você também perceberá que os inventores deste livro pararam de criar por volta da década de 1930. Isso aconteceu porque, a partir de então, a maioria das invenções, como os CDs, o macarrão instantâneo e os satélites, foi desenvolvida por grandes empresas. Mas se você sonha em ser um inventor, não se preocupe: ainda tem muita gente criando coisas magníficas e ficando rica e famosa, e com certeza ainda há muito para inventar.

Então continue lendo e descubra...
- por que o exército romano morria de medo de um velho matemático;
- por que os mineiros costumavam vestir peles putrefatas de peixe;
- quem fez experimentos com uma orelha humana;
- por que elefantes não voam;
- o que Frankenstein *realmente* inventou.

Para começar, voltemos bastante no tempo, para um dos maiores e mais antigos inventores, que — só um detalhe — na verdade nem queria ser um inventor...

O ANTIGO ARQUIMEDES E SEU MAQUINÁRIO AMEAÇADOR

Arquimedes não é apenas um sujeito muito famoso, como também está muito morto — viveu há mais de 2 mil anos, uma época em que ninguém se preocupava em inventar coisas.

O problema de Arquimedes ser tão absurdamente antigo é que, embora haja várias histórias sobre ele, fica difícil descobrir quais delas são verdadeiras. Com exceção dos poucos textos que ele mesmo escreveu, muitas vezes dependemos de cópias de cópias de livros, escritos por pessoas que nasceram muito depois de Arquimedes e que escutaram histórias de quando o tio do próprio avô encontrou o inventor numa festa. Até mesmo Cícero, um historiador romano que pesquisou a fundo a vida de Arquimedes, viveu três séculos depois dele. Isso tudo significa que, provavelmente, algumas das coisas que deixaram Arquimedes famoso nunca aconteceram de fato.

Arquimedes

Ainda assim, ele inventou muitas coisas fabulosas.
- Criou uma maneira de fazer um navio partir por conta própria;
- construiu uma garra gigante e a usou para afundar navios;
- desenvolveu um modelo coerente do sistema solar.

E com certeza ele foi um dos maiores matemáticos da história.

Contas impressionantes

A matemática era, sem dúvida, a atividade favorita de Arquimedes: todos os livros dele que sobreviveram são sobre essa disciplina. Ele preferia muito mais calcular a inventar, e, provavelmente, nem seria tão conhecido como inventor se os romanos não tivessem tentado massacrar todo o povo da sua cidade natal.

Bem, voltando um pouquinho mais no tempo, Arquimedes nasceu em 287 a.C. em Siracusa, uma cidade litorânea da Sicília. Seu pai era astrônomo, e sua família talvez tenha

Inventores e suas ideias brilhantes

tido parentesco (os historiadores não têm certeza) com o rei Hieron II. Quando jovem, Arquimedes foi estudar em Alexandria, no Egito. Essa cidade era famosa por duas coisas incríveis: um farol enorme chamado Pharos, que era uma das sete maravilhas do mundo,* e uma biblioteca impressionante, que não era considerada uma dessas maravilhas.

Pessoas dos mais diversos lugares visitavam a biblioteca, que abrigava todo o conhecimento do mundo na forma de centenas de milhares de textos, incluindo, provavelmente, esboços de várias invenções. Infelizmente, a biblioteca foi queimada três vezes no decorrer dos séculos, e hoje não há mais nenhum resquício dela. O farol de Alexandria durou um pouco mais; porém, após ter sido danificado por um terremoto no ano de 365 e depois por outro em 1303, ele finalmente desmoronou, em 1326.

Os alexandrinos devem ter ficado impressionadíssimos com Arquimedes, pois quando ele retornou a Siracusa, pediram que continuasse enviando suas descobertas matemáticas para eles. Arquimedes acatou o pedido, feliz da vida — até ficar sabendo que alguns alexandrinos estavam apresentando seus teoremas como se fossem descobertas próprias. Então, depois disso, Arquimedes passou a incluir um

---

* E a única entre as sete que tinha de fato uma utilidade.

Arquimedes

punhado de declarações falsas nas pesquisas que enviava, para que os matemáticos espertalhões de Alexandria chegassem a resultados errados ao fazer as contas.

OS ALEXANDRINOS
ALEXANDRIA, EGITO
TERÇA, 265 A.C.

PREZADO ARQUIMEDES,

ESPERAMOS QUE ESTEJA TUDO BEM COM O SENHOR. POR AQUI TUDO CAMINHANDO, APESAR DE MUITOS DE NÓS TERMOS MORRIDO COM A PESTE NESSES ÚLTIMOS DIAS. MAS NÃO DEVEMOS RECLAMAR. OBRIGADO POR SUAS CONTAS — QUE COISA IMPRESSIONANTE! AS OUTRAS CIDADES NÃO CONSEGUEM ACREDITAR NA ~~NOSSA~~ SUA DEMONSTRAÇÃO DE QUE $2 + 2 = 5$. PARA FALAR A VERDADE, TODOS ACHAM QUE ~~NÓS~~ VOCÊ ENLOUQUECEU! NÃO SABEM DE NADA, HEIN, ARQUI? POR SINAL, VOCÊ PARECE TER ESQUECIDO ALGUMAS LINHAS DA SUA COMPROVAÇÃO DO CÁLCULO. PODERIA NOS ENVIAR MAIS UMA CÓPIA? SEM PRESSA. QUANDO FICAR MELHOR PARA VOCÊ. (APESAR DE QUE, COMO DIZEM OS FILÓSOFOS, NADA COMO O DIA DE HOJE!)

UM ABRAÇO DOS AMIGOS,
    OS ALEXANDRINOS.

De volta a Siracusa, Arquimedes ocupava tanto tempo de sua vida com a matemática que chegava a esquecer de se lavar ou de comer. Quando resolvia tomar um agradável banho com óleos, ficava limpo por pouco tempo, pois só anotava as contas no próprio corpo, com cinzas e fuligem.

Inventores e suas ideias brilhantes

Matemática, naquele tempo, significava geometria, e Arquimedes achava esse assunto tão divertido que chegou a fazer um estudo geométrico de um jogo popular no qual peças de diferentes formatos podiam ser reposicionadas de modo a criar padrões. Uma das muitas coisas que ainda não tinham sido inventadas na época era a publicidade — caso contrário, o jogo poderia muito bem ter se chamado "Triangoludo" ou "Zás!". Mas o nome escolhido acabou sendo algo parecido com "Estômago", e isso é realmente esquisito.

Seja como for, Arquimedes era mesmo um matemático impressionante. Ele descobriu, por exemplo, a relação geométrica entre uma esfera e um cilindro, algo bem inteligente e útil — mas infelizmente não temos tempo para aprender mais sobre esse assunto agora.

Ele também descobriu uma nova maneira de calcular o valor do π (símbolo que representa o número de vezes que o diâmetro de um círculo pode caber em sua circunferência, muito popular entre matemáticos, jardineiros, arquitetos,

Arquimedes

engenheiros e qualquer outra pessoa que utilize círculos para alguma coisa) e bolou um jeito diferente de expressar números muito grandes, o que se revelou bastante útil para as gerações seguintes de matemáticos, assim como para o próprio Arquimedes, que calculou quantos grãos de areia seriam necessários para preencher o universo — o resultado a que ele chegou foi um número enorme. Além disso, criou a primeiríssima versão do que hoje em dia se chama "integrais", uma maneira de calcular a área de um plano dividindo-o em um monte de pedaços pequenininhos e somando suas áreas. Praticamente qualquer matemática científica séria usa as integrais hoje em dia.

Maquinário de macho

Mas, fora tudo isso (e apesar de não curtir muito a ideia), Arquimedes chegou a inventar coisas de fato.

Um de seus inventos deixou todo mundo boquiaberto. Era uma maneira de aumentar muito a força de uma pessoa — ou pelo menos era isso que a engrenagem parecia fazer. Conta-se que, para convencer as pessoas, Arquimedes organizou uma demonstração pública. Ele prendeu uma corda grossa a um navio cheio, pronto para sair ao mar, e conectou a outra ponta da corda ao seu invento, lá do outro lado

do porto. Quando a plateia se acomodou, Arquimedes começou a puxar uma segunda corda que estava ligada à sua máquina, e a corda presa à embarcação se esticou e, vagarosamente, arrastou o navio para o mar. Todos ficaram impressionados. Como uma simples máquina podia deixá-lo tão forte?

Para falar a verdade, não deixou. O invento era um arranjo de roldanas, que funcionava da seguinte forma:

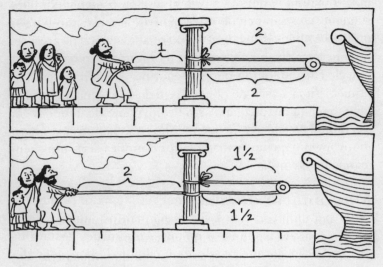

Entre a figura de cima e a de baixo, Arquimedes puxou um metro, o que fez o navio se mover meio metro. Isso acontece porque a corda passa duas vezes do lado direito do pilar. Dessa maneira, a ponta da sua corda se move com uma velocidade duas vezes mais rápida que a corda do navio, mas a corda do navio puxa a embarcação com o dobro da força que Arquimedes puxa a sua. É como usar a orelha do martelo para tirar um prego: você move a ponta do instrumento por uma grande distância com uma força mínima, enquanto a orelha faz um movimento curto mas com muito mais força.

Juntando muitas dessas roldanas, Arquimedes podia aumentar bastante o efeito de seu invento, a ponto de usá-lo para mover coisas bem mais pesadas do que uma pessoa seria capaz de carregar. Máquinas como essa eram superúteis, especialmente para carregar navios e deslocar materiais de construção.

Arquimedes

Uma coisa que Arquimedes *não* inventou foi o chamado parafuso de Arquimedes, que já era usado havia algum tempo no Egito. Ele talvez tenha sido a pessoa que apresentou o aparato à cidade de Siracusa. O parafuso de Arquimedes é uma bomba d'água, e tinha essa aparência:

Funciona como um saca-rolha: conforme você gira esse instrumento, a rolha vai subindo pelo parafuso. A única diferença é que o invento de Arquimedes tem um cilindro ao redor para impedir que a água caia para os lados.

Não é difícil imaginar o quanto Arquimedes gostava da sua invenção, já que parafusos e cilindros eram duas das formas favoritas dele. As pessoas provavelmente acharam que o aparato era um artefato mágico, assim como a sua máquina de roldanas (que ninguém entendia como funcionava de fato). O invento foi muito útil quando uma das grandes embarcações do rei Hieron foi deixada na chuva e ficou cheia de água. Hieron pediu ao célebre inventor que o ajudasse a esvaziar o barco, e Arquimedes usou um parafuso de Arquimedes para o trabalho.

Pode ser também que os parafusos tenham ficado conhecidos como "de Arquimedes" porque ele falava sobre isso o tempo todo. Hoje em dia, eles ainda são usados para bombear todo tipo de coisa, desde sangue (para pessoas cujo coração não funciona bem por conta própria) até água da chuva, pois fornecem um fluxo constante e conseguem lidar com as pequenas partículas um pouco mais sólidas, ao contrário de outras bombas.

Inventores e suas ideias brilhantes

Arquimedes, detetive particular

Hieron também pediu que Arquimedes fosse seu detetive particular. O rei tinha encomendado uma nova coroa a um ferreiro, e deu a ele uma massa de ouro para que utilizasse na produção do ornamento. Depois de pronta, a coroa tinha o mesmo peso da massa de ouro, mas, por algum motivo, Hieron ficou desconfiado.

Hieron se perguntava se a coroa era realmente feita de ouro puro — talvez o ferreiro tivesse substituído parte do ouro por prata e ficado com o resto para si. Será que Arquimedes poderia ajudá-lo a descobrir?

Sim, ele poderia. Depois de pensar por um tempo e tomar um banho rápido, ele chegou a uma resposta. Provavelmente, enquanto ainda estava no banho...

Arquimedes bolara um método brilhante para averiguar se a coroa era realmente feita de ouro. Ele percebeu que, como ouro pesa mais que prata, um bloco de ouro com o mesmo volume que a coroa deveria pesar o mesmo que o ornamento, *a não ser* que a coroa fosse feita de uma mistura de materiais. Então, ele desenvolveu um método muito esperto de medir o volume da coroa quando percebeu que o volume de água deslocada graças ao objeto submerso é o mesmo volume do próprio objeto submerso.

Esperto, não? Vai dizer que você não sairia correndo pelado depois de descobrir isso?

Depois do experimento...

Durante quase toda a sua vida, Arquimedes muito provavelmente foi mais conhecido como matemático do que como inventor. Na realidade, só depois de velho ele passou a gastar a maior parte do seu tempo inventando coisas. Mas a partir daí, graças aos guerreiros romanos, ele precisou inventar muitas coisas. Coisas grandes e perigosas.

Inventores e suas ideias brilhantes

Encrenca com os romanos

Na época de Arquimedes, Siracusa se encontrava numa posição complicada. Fazia parte da Grécia, mas, a oeste, não muito distante, ficava um lugar chamado Cartago, repleto de gente mal-humorada. Ao norte, os romanos estavam, como sempre, naquela onda de "queremos conquistar o mundo". Eles desejavam dominar Cartago, mas Siracusa e outras cidades gregas estavam no caminho. Os romanos não

deixariam uma coisinha insignificante como essa estragar seus planos, então, quando Arquimedes tinha 23 anos, estourou a guerra entre Cartago e Roma. No começo, Siracusa estava do lado de Cartago, mas depois os romanos deram alguns argumentos bem amigáveis e racionais que acabaram convencendo o rei Hieron de que seria menos doloroso (para não dizer menos sangrento) para todos se eles apoiassem Roma. Então ele aceitou.

Por um tempo, tudo estava na maior paz — de um jeito meio violento —, até que...

Arquimedes

A GAZETA DA GRÉCIA
218 a.C.

ELEFANTES MANDAM OS ROMANOS DE VOLTA PARA CASA

Pela primeira vez em muito, muito tempo, os malandros dos romanos foram derrotados por um bravo grupo de elefantes cartagineses, que cruzaram os Alpes sob o comando do general Aníbal. "Foi fácil", disse Aníbal, "o único momento complicado foi quando os romanos cortaram o fornecimento de pão."

Leia mais na página 3

PESQUISA REVELA DIVERGÊNCIAS EM SIRACUSA ACERCA DOS ROMANOS

Publicada hoje, uma grande pesquisa feita entre os siracusanos revela as opiniões resolutas acerca dos romanos. 48% dos cidadãos de Siracusa marcaram a opção "Eles são realmente irritantes, estão sempre bêbados e gritando, ao contrário dos simpáticos cartagineses", enquanto 52% opinaram: "Eu gosto deles, são selvagens, mas as *festas* que dão são igualmente selvagens!".

• Leia mais na página 6
• Na página 7, participe do nosso exclusivo concurso "Onde está o elefante?" e concorra a um chapéu de Aníbal.

Inventores e suas ideias brilhantes

A GAZETA DA GRÉCIA
217 a.C.

A MORTE DE UM REI

Não perca nosso encarte exclusivo de oito páginas com fotos coloridas da procissão funeral de Hieron. Na página 2, um artigo completo sobre a sucessão de Hieronymus e os planos para os próximos cinco anos.

E, na página 12, encontre a chance de comprar uma caneca de Hieronymus feita à mão (edição limitada) – um tesouro para todo o sempre!

A GAZETA DA GRÉCIA
216 a.C.

HIERONYMUS É ASSASSINADO POR SIRACUSANOS PRÓ-ROMANOS

Siracusanos pró-cartagineses ficaram "muito irritados mesmo"

Os siracusanos que apoiaram os romanos tinham ido longe demais dessa vez. Ao assassinar o rei de Siracusa, acabaram gerando uma guerra civil; que, no entanto, não durou muito: logo os pró-cartagineses venceram. Como era de esperar, os pró-romanos não ficaram muito contentes com essa história.

A GAZETA DA GRÉCIA
214 a.C.

ROMANOS TOCAM O TERROR

Os generais romanos Appius Claudius Pulcher e Marcus Claudius Marcellus estão a caminho de Siracusa. Eles pretendem sitiar a cidade, acompanhados de milhares de soldados e de sessenta navios de guerra. Espalham-se rumores de que uma ofensiva de cidadãos na cidade vizinha de Leontini teve um final meio trágico, quando Marcellus ordenou que todos fossem decapitados.

A GAZETA DA GRÉCIA
213 a.C.

"ESCONDAM-SE DEBAIXO DA CAMA", ALERTAM OS SIRACUSANOS

Em outro ataque realizado hoje, Marcus Claudius Marcellus invadiu Siracusa com sessenta navios de guerra, enquanto seu comparsa Appius Claudius Pulcher atacou por terra com suas tropas.

Nessa época, Arquimedes tinha 74 anos (o que fazia dele um verdadeiro ancião, pois a maioria das pessoas morria aos quarenta) e provavelmente buscava uma vida mais

Inventores e suas ideias brilhantes

tranquila. Ele com certeza não queria ter abandonado a sua adorada matemática para começar a construir coisas. Mas Hipócrates e Epícides, os últimos líderes de Siracusa, estavam ficando um tanto nervosos, e com todas aquelas invasões e decapitações, sem contar o avanço do latim, eles decidiram que era melhor buscar ajuda.

Então, depois de resmungar um pouco, é claro, Arquimedes passou a trabalhar com a construção de máquinas. Ele montou enormes catapultas que eram capazes de arremessar rochas pesadíssimas e grandes pedaços de madeira nas pessoas; desenvolveu uma balestra (arma também conhecida como "besta") extremamente letal chamada de "Escorpião" e criou a garra, uma máquina ainda mais assustadora. Não há registros precisos de como a garra funcionava, mas, provavelmente, consistia num gancho especial de ferro que podia ser preso em navios com a ajuda de um guindaste...

Arquimedes

Quando se percebia que a garra tinha conseguido se agarrar ao navio, ela era levantada, puxando a ponta da embarcação consigo. Então, de um ímpeto a garra era largada, e o navio despencava de volta no mar e afundava. A invenção também foi usada para levantar e soltar soldados romanos. Bem que eles mereceram.

Alguns historiadores dizem que Arquimedes também construiu espelhos enormes de bronze para concentrar o calor do Sol nos navios e, assim, incendiar as embarcações. Mas isso parece pouco provável: para começar, os historiadores da Grécia mais confiáveis não mencionam essa invenção, e, além disso, seriam necessários muitos e muitos espelhos para se conseguir botar fogo em grandes barcos. Por outro lado, não é impossível que a técnica tenha sido usada: experimentos feitos desde então no mesmo porto mostram que, em dias ensolarados, a arma poderia muito bem funcionar.

Os romanos não tinham chance contra Arquimedes e suas máquinas. Eles possuíam alguns artefatos de guerra próprios, como as *sambucae*, que eram esca-

Inventores e suas ideias brilhantes

das para ser montadas em barcos, mas essas máquinas pareciam patéticas se comparadas com as de Arquimedes. Ele usava a garra para arrastar os navios com *sambucae* até enchê-los de água e afugentar todos os marinheiros. Isso deixou os romanos muito irritados, mas Marcus Claudius Marcellus (o líder das tropas romanas) não perdeu seu conhecido senso de humor, dizendo:

Arquimedes usou meus navios para encher o seu cálice de água do mar, mas meus guerreiros de sambuca foram expulsos da farra como intrusos.

(Embora essa frase não faça o menor sentido, devia ser o tipo de piada que levava as pessoas a perder a cabeça de tanto rir — ou melhor, talvez suas cabeças fossem arrancadas caso elas *não* rissem.)

Assim, os romanos não tinham nada de interessante para fazer a não ser manter Siracusa sitiada por mais dois anos. Finalmente, em 212 a.C., quando os siracusanos organizaram uma grande festa, os romanos invadiram a cidade e atacaram a população bem na hora em que todos se preparavam para comer a sobremesa. Marcellus instruiu seus soldados para que não matassem Arquimedes — ele provavelmente sonhava em pedir ao matemático que inventasse uma máquina de decapitar pessoas.

Quando um soldado romano o encontrou, Arquimedes estava ocupado trabalhando em seus diagramas. Ele se re-

Arquimedes

cusou a abandonar seus cálculos antes de terminar, mas, como o soldado não tinha tempo para esse tipo de coisa, acabou matando-o. Marcellus não ficou nem um pouco feliz com isso, mas, como não dava para voltar no tempo, ele se contentou em roubar as invenções de Arquimedes. Um dos inventos de que se apropriou foi um globo mostrando a posição das estrelas, que Marcellus doou a um templo em Roma. Outro foi um misterioso objeto de metal, que impressionou tanto o líder romano que ele decidiu guardar para si. Era provavelmente um modelo mecânico do sistema solar: Cícero disse que somente um ser divino seria capaz de criar algo assim. Cícero também descobriu onde estava o túmulo de Arquimedes. Boa parte do que estava escrito no túmulo tinha se desgastado, mas ainda era possível enxergar o diagrama de uma esfera dentro de um cilindro.

ARQUIMEDES: ASSIM FOI SUA VIDA

PRINCIPAIS INVENÇÕES:
- Sistema de roldanas
- Máquinas de guerra
- Modelo do sistema solar

TAMBÉM FICOU FAMOSO POR:
Ser um dos maiores matemáticos
de todos os tempos.

LEONARDO DA VINCI E SEU SUBMARINO SECRETO

Leonardo da Vinci inventou o submarino, o planador e o tanque quinhentos anos atrás. Só que... o primeiro submarino foi construído em 1620, o primeiro planador voou em 1849 e os primeiros tanques foram usados em 1910.

É isso mesmo. A maioria das invenções de Leonardo se perdeu e teve de ser reinventada séculos depois.

Tudo isso porque Leonardo da Vinci era um homem renascentista. A Renascença foi um período histórico no qual vários manuscritos da Grécia Antiga, lotados de ideias geniais, foram levados para a Itália. As pessoas ficaram tão impressionadas com as novidades que de repente resolveram praticar, ao mesmo tempo, todas as artes e um pouco de ciência também. Por trás da noção de ser uma "pessoa renascentista", portanto, estava a ideia de que você deveria saber sobre tudo quanto era assunto. Então, na teoria, as

Leonardo da Vinci

pessoas não se especializavam para ser cientistas, escritores ou atletas de nado sincronizado — elas eram irritantemente boas em *tudo* que faziam.

Era um bom jeito de levar a vida, ainda que complicado, mas Leonardo se deu muito bem nesse sistema. Para falar a verdade, ele provavelmente era *o* homem renascentista: foi um dos maiores pintores de todos os tempos; elaborou mapas; criou esculturas; observou os astros; compôs e tocou músicas em instrumentos que ele inventou e construiu por conta própria; estudou pedras; desenhou construções e até mesmo cidades; registrou plantas e fósseis; abriu pessoas sem derramar uma gota de sangue... (Tudo bem, elas já estavam mortas, mesmo... Ainda bem, pois ele também injetou cera nos seus corações e cérebros para fazer moldes a partir deles.)

Leonardo também era bonitão, atlético e muito forte — dizem que ele conseguia entortar ferraduras de cavalo com uma só mão. Além disso, tinha uma ótima visão, era muito gente boa e um vegetariano supersolidário com os animais — costumava comprar pássaros em gaiolas para libertá-los.

E, claro, ele foi um inventor.

Por ser um homem renascentista, estava sempre *muito*

Inventores e suas ideias brilhantes

ocupado. Ele guardava várias cadernetas cheias de ideias impressionantes e ilustrações brilhantes, mas nunca chegou a organizá-las nem a publicá-las. Além do mais, estava sempre de mudança pelo país e também morria de medo de que alguém roubasse suas ideias ou as utilizasse para fins violentos. Enquanto viveu, muitas de suas invenções permaneceram em segredo, mas, depois de sua morte, seus papéis se espalharam pelo mundo todo, e a maioria das pessoas que se apossou desse material era artista. Sendo assim, seus planos mais científicos foram ignorados, e isso ainda acontece nos dias de hoje, em que livros sobre Leonardo da Vinci costumam se concentrar apenas na sua produção artística, fato que com certeza o faz se revirar no túmulo.

Disparando germes

Leonardo nasceu perto da comuna de Vinci, na região da Toscana, em 1452. Sabemos pouco sobre sua infância, mas a época em que viveu era emocionante e conflituosa. A Itália se dividia em cinco áreas principais, cada uma delas dominada por uma grande cidade: Roma, Florença, Milão, Veneza e Nápoles. Em sua maioria, as regiões eram controladas por famílias cruéis, e Leonardo trabalhou para duas delas, os Bórgia e os Médici. Embora fossem, de modo geral, pessoas horríveis e estivessem de certo modo em guerra uma contra a outra, os Bórgia e os Médici apreciavam a arte. Como Leonardo era ótimo artista e sabia construir armas, eles o adoravam!

Para começo de conversa, Da Vinci de fato gostava *mais* de arte do que de ciência. Há uma anedota que diz que, em 1469, ele foi levado até a oficina de Verrocchio, um artista famoso, e o ajudou a terminar um retrato, pintando uma cabeça. Verrocchio disse:

Leonardo da Vinci

Bem, pelo menos é o que se conta. De qualquer forma, Leonardo foi um grande artista. Ele desenhava rochas, água, animais e pessoas, e uma vez deixou seu pai apavorado ao pintar um monstro e colocar o quadro em uma sala escura, com uma luz incidindo sobre a figura.

Leonardo da Vinci era gay, e na época o homossexualismo era tratado como crime, cuja punição era ser queimado na fogueira. Em 1476 ele recebeu uma acusação anônima por sua opção sexual. Apesar de, posteriormente, terem retirado a acusação, esse foi um dos motivos pelo qual, logo em seguida, Da Vinci saiu de Florença e foi para Milão.

Nessa época, já tinha algum interesse em ciência e engenharia, por isso escreveu uma carta a Ludovico Sforza, líder de Milão, relacionando todas as coisas incríveis que poderia inventar para auxiliá-lo em seja lá qual fosse a guerra que estivesse acontecendo no momento. Citou coisas como pontes indestrutíveis e máquinas de arremessar pedras e também mencionou que sabia um pouco de pintura. E então, em 1482, Ludovico o contratou como... um tocador de lira. Por sorte, ele também era bom nisso!

A nova atividade de Leonardo não fez com que ele parasse de inventar coisas, e o fato de ser um pacifista não o impediu de bolar várias máquinas de guerra:

* Só que ele disse isso em italiano do século XV.

Inventores e suas ideias brilhantes

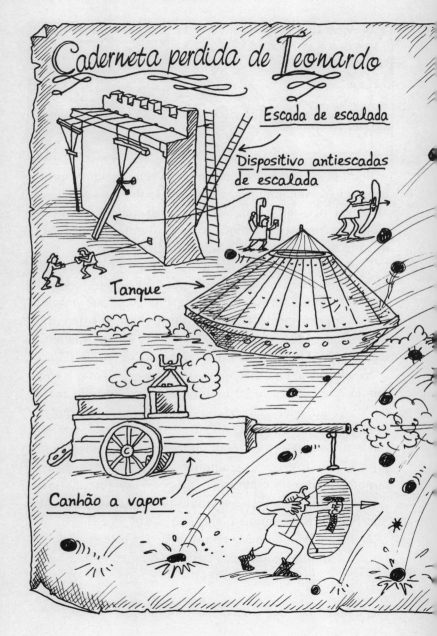

Leonardo da Vinci

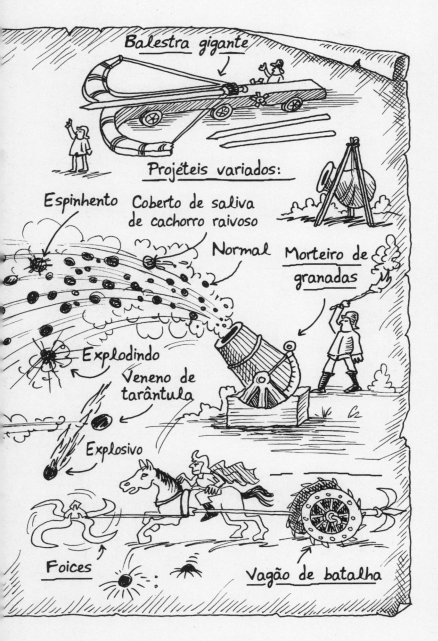

Inventores e suas ideias brilhantes

Se poucas, ou pouquíssimas, dessas invenções foram de fato concretizadas, certamente nenhuma delas foi realmente usada na época de Leonardo. Algumas eram avançadas demais; outras, caras demais; outras, ainda, não funcionariam e algumas eram apenas muito esquisitas. O tanque era especialmente estranho, com suas rodas viradas para direções opostas. Talvez Leonardo tivesse incluído esse detalhe como uma armadilha para possíveis ladrões de ideias, talvez fosse um erro, ou, quem sabe, uma piada.

Como acontece com inventores, nem todas as criações de Leonardo eram originais. Porém, por mais estranho que pareça, apesar de o canhão a vapor ser uma invenção de Leonardo, ele disse ter sido obra de Arquimedes.

Uma coisa esquisita que vemos em todas as anotações de Leonardo da Vinci é que elas foram escritas de trás para frente. Algumas pessoas dizem que ele o fazia para se proteger de ladrões de ideias, mas isso não parece muito plausível.

Já outras afirmam que ele escrevia assim porque era canhoto, mas isso também parece duvidoso. Provavelmente nunca saberemos o verdadeiro motivo.

Leonardo da Vinci

É um pássaro? É um avião? Não... é o homem renascentista!

No início, as invenções de Leonardo eram apenas ideias, esboços sem muitos detalhes, pois ele ainda não se preocupava com a ciência existente por trás delas. Porém, na década de 1480, quando começou a dissecar animais mortos, especialmente pássaros, ele passou a olhar para além da superfície das coisas. Um de seus principais fascínios despontou nessa época também: o sonho de conquistar o ar.

Caderneta perdida de Leonardo
1485

Hoje, enquanto pintava o teto, tive uma ideia brilhante. Refletia sobre como Arquimedes fora esperto e sobre como era útil o parafuso de Arquimedes para bombear água, quando me dei conta: por que não usá-lo para bombear o ar?

Eu realmente poderia voar com uma coisa dessas.

Inventores e suas ideias brilhantes

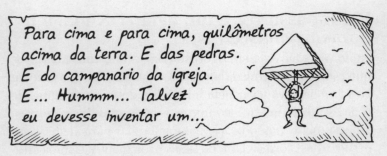

Para cima e para cima, quilômetros acima da terra. E das pedras. E do campanário da igreja. E... Hummm... Talvez eu devesse inventar um...

O paraquedas de Leonardo foi, como muitas de suas invenções, uma ótima ideia, e, além disso, foi demonstrado que o equipamento funcionava. (Embora precisasse de uma série de ajustes e modificações para funcionar direito, como um buraco no topo para que não sacudisse feito louco de um lado para o outro na descida.)

O desenho de helicóptero que Da Vinci traçou foi uma de suas poucas invenções realmente prolíferas: embora tenha sido esquecido por séculos, inspirou Igor Sikorsky a construir com sucesso os primeiros helicópteros na década de 1940. Mas esses não foram os primeiros helicópteros a serem criados, de fato: há muito tempo, em 1325, existiam helicópteros de brinquedo, só que eram inspirados nos moinhos de vento, não no parafuso de Arquimedes. Eles não usavam o vento como fonte de energia, ao contrário do inventado por Da Vinci, o que significa que, se o modelo de Leonardo funcionasse — e parece que funcionava, sim —, seria a primeira máquina voadora a ter sua própria fonte de energia. Mas, assim como no paraquedas, não seria muito confortável voar nele, pois a base giraria no sentido oposto ao da rotação das hélices. (Os helicópteros modernos também sofreriam do mesmo mal, se não fosse pelos propulsores secundários na parte traseira.)

Leonardo da Vinci só desenhou esboços do helicóptero e do paraquedas, mas bolou muitas outras máquinas voado-

Leonardo da Vinci

ras, e a maioria delas tinha asas que batiam como a dos pássaros que ele tanto estudava. Em geral, quando Leonardo criava algo, ele era bem rigoroso com as questões científicas que estavam por trás da invenção, mas quando pensava em voos, se deixava levar pela imaginação, por isso muitas de suas máquinas voadoras são um tanto implausíveis: como o barco voador que tem asas no lugar dos remos. Suas máquinas voadoras mais promissoras se pareciam com asas-deltas, sem nenhuma fonte de energia, mas ele não se concentrou muito nelas — preferia mesmo aquelas que tinham asas batendo. Conta-se que Leonardo chegou a fazer testes práticos com uma ou duas dessas invenções...

Inventores e suas ideias brilhantes

Outono de 1495

Ludovico está se recuperando rapidamente da perna quebrada. Infelizmente, a máquina voadora não está tão bem. Mas não importa, pois bolei uma nova:

Piloto deve pedalar freneticamente...

e girar isto aqui.

Escadas para embarque

Toda a parafernália necessária para construir essa máquina pesaria por volta de trezentos quilos, e, para ela sair do solo, todo esse peso deveria ser levantado por um único homem que, com o auxílio de rodas, pedalaria feito um louco.

Infelizmente, as máquinas voadoras de Leonardo nunca decolaram, até porque os materiais usados — na verdade, os únicos disponíveis na época — eram muito pesados. A maior dificuldade de Leonardo da Vinci (e que afetaria todas as suas outras invenções) era a ausência de uma fonte prática de energia, pois não existiam motores elétricos, nem motores movidos a petróleo ou células de combustível. Para gerá-la, ele só tinha à sua disposição a força humana ou de cavalos, ou formas muito primitivas de energia a vapor. Ele usou a energia proveniente da água dos rios em muitas de suas invenções, mas rios não parecem ser fontes muito adequadas para máquinas voadoras, e nem cavalos (eles sempre mastigam as revistas que distribuem a bordo).

Leonardo da Vinci até conseguiu inventar uma maneira de lançar suas máquinas ao ar, mas era uma maneira bem doi-

Leonardo da Vinci

da. A ideia era a seguinte: o piloto giraria uma roda que puxaria um arco muito poderoso. Quando o arco fosse solto, ele movimentaria as asas, fazendo-as bater como um pássaro por um pequeno período. Depois disso, a máquina despencaria, a menos que o piloto conseguisse dar corda ao arco outra vez, bem rápido (e outra e outra vez...).

Mais um problema com as máquinas voadoras de Leonardo é que, apesar de ter estudado os pássaros a fundo, ele não entendeu a característica mais básica desses animais: eles não voam porque batem as asas para baixo e para cima. O fato é que suas máquinas com asas que batem nunca voariam, nem mesmo se ele tivesse uma boa fonte de energia. Desvendaremos o segredo do voo humano quando chegarmos ao capítulo sobre os irmãos Wright.

Planos impermeáveis

Leonardo poderia ter ficado em Milão por décadas, feliz da vida, desenvolvendo armas e máquinas voadoras. Porém, em 1499, os franceses invadiram a cidade e ele fugiu para Veneza, onde a situação não era muito melhor: os venezianos se preparavam para um ataque turco.

Caderneta perdida de Leonardo
1499
Segunda-feira — Os cidadãos de Veneza me pediram para protegê-los dos turcos. Esse é o problema de ser um homem renascentista: as pessoas estão sempre pedindo novas máquinas de guerra. Por que não podemos ser legais uns com os outros?

Inventores e suas ideias brilhantes

Mas isso não importa. Bolei um plano muito esperto para alagar a área do rio e torná-la impossível de atravessar. Então, não só não haverá guerra, como as pessoas poderão investir na construção de fábricas movidas a moinhos d'água e todos serão ricos e felizes.
Elas vão amar a ideia.
<u>Quinta-feira</u> — Elas odiaram a ideia.
Bem, de volta aos desenhos...

Leonardo da Vinci

Esses esboços de artefatos marítimos divertiam Leonardo quase o mesmo tanto que as máquinas voadoras, visto que ele era tão fascinado pela água como pelo ar. Embora nenhuma das invenções tenha sido de fato utilizada, Da Vinci logo foi empregado como engenheiro pelo chefão de Veneza, César Bórgia, e se tornou seu companheiro de viagem. Mesmo para aquela época, cheia de líderes cruéis, César era um homem especialmente mau. Leonardo fez vista grossa por um tempo, mas, quando César fingiu perdoar um grupo de pessoas que tinha organizado uma conspiração contra ele, e depois convidou os conspiradores para um jantar para estrangulá-los, Da Vinci decidiu que aquilo tinha passado dos limites. Retornou a Florença, onde ajudou o exército florentino a atacar Pisa planejando um canal que desviaria o leito do rio Arno, para que a cidade ficasse sem água. Para a sorte dos moradores de Pisa, as margens do canal romperam e a água retornou ao seu curso normal.

Uma Renascença um tanto robótica

Por volta de 1503, Leonardo da Vinci pintou o quadro mais famoso de todos os tempos, a *Mona Lisa*.

Quatro anos depois, ele já estava novamente de mudança, desta vez voltando a Milão, graças a um convite do rei da França, Luís XII, que governava aquela área.

Inventores e suas ideias brilhantes

Analisar coisas e inventar novidades ainda eram atividades muito fascinantes para Da Vinci. Como ele mesmo disse:

> *Apesar de a engenhosidade humana ter criado muitas invenções, e dentre elas muitas máquinas para o mesmo fim, ela nunca descobrirá invenções mais belas, apropriadas ou diretas que as da natureza, porque nas invenções da natureza nada falta e nada é supérfluo.*

Então ele passou a investigar uma máquina chamada corpo humano, e para isso começou a dissecar pessoas. O coração era uma coisa complicada: quando retirado do corpo, virava um amontoado de gosma. Leonardo, então, injetou cera nos corações dos cadáveres e usou os moldes para fazer reproduções de gesso. Com isso, fez desenhos incríveis do coração humano! Ele não descobriu, porém, para que esse órgão realmente servia (bombear o sangue e mantê-lo circulando no corpo).

Como sempre, a guerra interrompeu o trabalho de Leonardo, e, quando os franceses foram expulsos de Milão em 1512, ele percebeu que era hora de mais uma mudança — desta vez para Roma, onde trabalhou para o novo papa, Giuliano de Médici, que lhe ofereceu uma oficina e alguns assistentes. Da Vinci não se dava muito bem com eles, no entanto, pois achava que roubariam suas ideias. Além disso, os assistentes costumavam matar pássaros, o que o deixava furioso. Mas, pelo menos, lá ele pôde inventar coisas que: a) não eram armas e b) foram de fato utilizadas. Criou, por

Leonardo da Vinci

exemplo, uma máquina de cortar parafusos, que foi muito utilizada nos quatrocentos anos seguintes. Também construiu uma balança automática, um novo tipo de relógio d'água e um instrumento para medir a umidade, todos muito à frente do seu tempo — como acontece com todas as invenções, só foram bem-sucedidas quando alguém precisou delas por algum motivo. Na época em que surgiram essas necessidades, as invenções já tinham sido esquecidas e precisaram ser reinventadas. Mas, se as coisas tivessem sido um pouco diferentes, o século XVI teria sido muito mais moderno:

E quem consegue imaginar como será o próximo século! Por sorte, Leonardo da Vinci não levava as coisas muito a sério — para falar a verdade, ele era um piadista. Quando foi contratado para inventar engrenagens para matar as pessoas, não tinha tanto tempo de sobra para gargalhar, mas, agora que as coisas estavam mais tranquilas, ele se divertia muito! O mestre italiano convidava os amigos para visitá-lo e usava um fole para inflar os intestinos de um touro até que os órgãos do animal ocupassem a sala toda, e os convidados ficassem espremidos em um canto. Ele também criou bichos infláveis que flutuavam pelo ar e disfarçou seu lagarto de estimação de monstro para assustar as pessoas.

Estava tudo em paz, entre uma gargalhada e outra, até o ano de 1515, quando Luís XII morreu. Seu enérgico e jo-

Inventores e suas ideias brilhantes

vem sucessor, Francisco I, com vinte anos, recuperou áreas da Itália que tinham sido perdidas por Luís, e então convocou o papa Leão X para discutir um possível acordo de paz em Bolonha. Para esse evento, Leonardo da Vinci construiu "um leão que dava vários passos e cujo peito abria, revelando um punhado de lírios". Infelizmente, ninguém sabe ao certo como esse leão funcionava, embora se presuma que era uma espécie de autômato, ou seja, uma máquina semelhante a um robô, cheia de mecanismos que o faziam se mexer como se fosse um ser vivo. Essa não foi a única invenção robótica de Leonardo: ele também bolou uma armadura que podia se levantar e sentar por conta própria, o que *realmente* deve ter feito muita gente desmaiar de susto!

A última mudança de Leonardo ocorreu em 1516, quando ele foi para a França trabalhar com Francisco I. Lá, inventou um incrível castelo pré-fabricado cheio de fontes, quartos (todos no térreo, caso o chão ruísse) e banheiros com portas que fechavam automaticamente.

Da Vinci nunca desistiu da ideia de voar. No final de sua vida, fez uma grande descoberta:

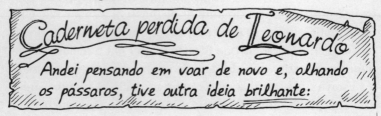

Caderneta perdida de Leonardo
Andei pensando em voar de novo e, olhando os pássaros, tive outra ideia brilhante:

Leonardo da Vinci

A asa-delta de Leonardo poderia realmente ter funcionado, já que não precisava de uma fonte de energia. Mas ele não teve tempo para desenvolvê-la: morreu pouco tempo depois, em 1519, aos 67 anos. Suas ideias e invenções poderiam ter mudado o mundo, mas quase todos os seus trabalhos ficaram perdidos por cerca de duzentos anos. E acredita-se que dois terços dos seus projetos nunca tenham sido encontrados.

LEONARDO DA VINCI: ASSIM FOI SUA VIDA

PRINCIPAIS INVENÇÕES:
- Máquinas voadoras
- Máquinas de guerra
- Submarinos e equipamentos de mergulho

TAMBÉM FICOU FAMOSO POR:
Ser um dos maiores artistas de todos os tempos.

PROCURAM-SE INVENTORES

Tanto Arquimedes como Leonardo da Vinci foram homens à frente de seu tempo. Na época em que nasceram, inventar era uma atividade estranha e incomum, e em geral as pessoas pensavam que inventores eram mágicos doidos (inclusive alguns deles, como o criador de um dos primeiros robôs, foram julgados por bruxaria). A falta de fontes de energia, principalmente fontes portáteis, impossibilitava o avanço da tecnologia, que em muitos campos era simplesmente inacessível. E, como não havia produção em massa, era muito difícil que uma invenção se tornasse popular. Além disso, para que as pessoas se livrassem dos trabalhos mais cansativos, não eram necessários tantos inventos, pois os cidadãos influentes e poderosos não realizavam trabalhos manuais — tinham escravos e servos para isso!

Mas em 1649...

Procuram-se inventores

Muitas coisas aconteceram depois disso, mas, no que diz respeito aos inventores, a grande mudança foi que as classes altas, que não se interessavam por tecnologia, foram aos poucos perdendo um pouco do poder. As pessoas das classes baixas, por sua vez, passaram a ter mais dinheiro para gastar no desenvolvimento das técnicas de agricultura. Isso, somado a verões quentes e agradáveis — simplificando bem as coisas —, acabou gerando mais comida, o que resultou em...

Sim, no século XVIII a população aumentou.

Enquanto isso, os britânicos construíam um grande império comercial graças a sua poderosa frota de navios, o que aumentou a circulação de dinheiro, assim como a demanda de bens em que se pudesse gastar essa grana toda, como: mais navios para comércio, armas para conquistar o mundo, casas para todas as pessoas que passaram a existir, sistemas de transporte para deslocar todos esses novos cidadãos, bens diversos e comida. Isso significava que as pessoas precisavam de novas tecnologias, ou melhor, de...

Inventores e suas ideias brilhantes

E assim os inventores bolaram montes e montes de novas técnicas e máquinas, como por exemplo...

Procuram-se inventores

Também nessa época, muitos países passaram a organizar sistemas de patentes. Uma patente é, entre outras coisas, um papel emitido pelo governo que dá ao inventor os direitos para produzir e vender sua criação. Esse procedimento impediu que as invenções fossem copiadas tão facilmente, dando condições a seus criadores de ganhar dinheiro com elas.

Além disso, mais pessoas sabiam ler nessa época, e passaram a entender melhor as questões técnicas e a se preparar para resolvê-las lendo os jornais técnicos que surgem e participando das novas sociedades científicas. Alguns até aprendiam um pouco de ciência na escola, e a pressão religiosa — que costumava ser anticientífica* — diminuiu um tantinho. Era a época da Revolução Industrial e todos amavam os inventores.

* Quando o garfo foi inventado no ano 1000, a Igreja o proibiu porque ele impedia as pessoas de usarem seus preciosos dedos que Deus lhes havia dado para comer.

Inventores e suas ideias brilhantes

Leonardo da Vinci estava certo: apesar de a Revolução Industrial representar o início do mundo moderno, foi bem ruim para muitas pessoas. É claro, os pobres sempre existiram, mas agora as suas vidas eram mais miseráveis: milhões de pessoas moravam em casebres cheios de ratos, trabalhavam em fábricas sujas e em minas horríveis.

A Revolução Industrial também marcou o início da poluição em grande escala, para a qual quase ninguém deu bola até a década de 1970. Seja como for, por bem ou por mal, a industrialização tinha chegado, e os próximos dois capítulos são sobre dois dos seus maiores criadores.

JAMES WATT E SUA MÁQUINA DE QUENTE E FRIO

James Watt ficava meio nervoso com máquinas que acabavam explodindo. Então decidiu trabalhar para resolver esse problema, o que foi ótimo, pois acabou ajudando a Revolução Industrial a decolar e também mudou a vida das pessoas para sempre. O que James *não* fez foi inventar o motor a vapor — isso já tinha sido feito 1500 anos antes, na Grécia, e muitas melhorias já tinham sido boladas para esse modelo inicial até o aparecimento de Watt. O que ele fez foi transformar os motores a vapor, que eram grandalhões e caóticos, em máquinas relativamente eficazes, úteis para diversas coisas. Mas antes de entrarmos nesse assunto e conhecermos James Watt um pouco melhor, vamos dar uma olhada em como eram os motores a vapor antes dele e entender por que raios alguém poderia querê-los.

Uma breve hissssstória do vapor

O motor a vapor foi inventado por volta do ano 50 a.C. por um homem da Grécia Antiga chamado Hero. Ele bolou várias coisas movidas a vapor, de pássaros cantantes a corne-

Inventores e suas ideias brilhantes

tas que soavam sozinhas, e chamava seu motor — uma esfera que girava graças a jatos de vapor — de eolípila.

E eis o motor a vapor. Simples, não? Os gregos agora podiam inventar trens a vapor, carros a vapor, navios a vapor, ferros a vapor... mas não o fizeram. Eles só criaram brinquedos a vapor para impressionar os amigos ou dar umas gargalhadas. Talvez porque, como tinham escravos para arrastar coisas, remar barcos e passar roupa, não precisavam de tecnologia. Para falar a verdade, como vimos no caso de Arquimedes, eles desconfiavam dos inventores e achavam que eles se ocupavam apenas com bobagens.

Depois, quando as pessoas não tinham mais tantos escravos, passaram a se utilizar da força do vento ou da água para realizar as tarefas. O vento e a água são ótimos para certas coisas, como moer milho ou mover barcos a vela, mas nem sempre são a melhor opção. Para começo de conversa, não são muito portáteis — imagine recarregar uma lanterna com o vento ou um aparelho de MP3 que funciona a base de um moinho d'água. E para completar, também não são fontes muito confiáveis: a água às vezes evapora ou congela (ou te afoga) e nem sempre há vento suficiente.

James Watt

Como vimos, isso foi uma baita dor de cabeça para Leonardo da Vinci, que teria adorado descobrir uma boa fonte de energia. Ele já tinha sugerido o uso do vapor, mas apenas para fazer um canhão disparar — o que nos traz de volta a James Watt. Mas espere mais um pouquinho.

Em 1698, Thomas Savery patenteou um objeto movido a vapor bem simples, mas bastante engenhoso. Não era bem um motor, era mais uma espécie de bomba hidráulica. Um invento bem prático — quando não explodia, claro, o que costumava acontecer quando o vapor ficava quente demais e pressionava as partes internas da caldeira. O nome que Thomas deu para a coisa foi: Uma Nova Invenção para Bombear Água e Gerar o Movimento de Todo Tipo de Trabalho no Moinho por uma Força Motriz de Fogo, ou, para simplificar, O Amigo do Mineiro, pois deveria manter as minas secas. Os mineiros não pareceram se entusiasmar tanto com o invento, no entanto.

Inventores e suas ideias brilhantes

Um pouco depois, em 1712, Thomas Newcomen construiu um motor a vapor bem mais avançado:

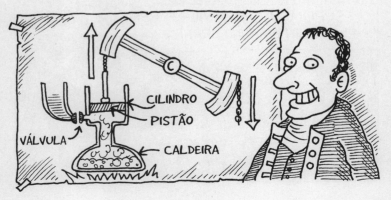

James Watt

Ele só foi utilizado para bombear água, mas funcionava bem, então todo mundo ficou mais ou menos contente com esse motor, inclusive muitos mineiros, que queriam manter suas minas secas. Mas os motores de Newcomen usavam combustível demais para pouca força. E, por mais que as pessoas reclamassem de um ou outro detalhe do invento, ninguém notou como era absurdo o desperdício gerado por aqueles motores, porque ninguém estudava cientificamente as máquinas a vapor naquela época; os engenheiros se esforçavam para construir máquinas maiores, não mais inteligentes.

A diversão de ferver água

Vinte e quatro anos após Newcomen ter construído seu motor a vapor, nasceu James Watt — mais especificamente, no dia 19 de janeiro de 1736, na Escócia. Watt não foi uma criança feliz; vivia doente e fraco e tinha muita dor de dente. Quando passou a frequentar a escola (aos onze anos), apanhava dos coleguinhas. Mas, depois de dois anos, começou a estudar em uma escola focada em gramática, o que foi ótimo, pois lá descobriu ter muita facilidade em entender matemática. Seu pai, que era um carpinteiro, tinha lhe dado umas ferramentas pequenas, e com elas James montava engenhocas incríveis. Já naquela época ele achava o vapor interessante, e dizem que, um certo dia, a tia teve de pedir que ele parasse de mexer com a chaleira. De modo geral, era um garoto simpático e tímido, embora tenha  dado alguns choques elétricos nos seus colegas (tudo em nome da ciência, é claro).

Inventores e suas ideias brilhantes

James concluiu que criar instrumentos científicos seria o emprego perfeito para ele. Um de seus parentes dava aulas na Universidade de Glasgow, então, em 1754, James foi estudar lá com o plano de se tornar um criador de instrumentos.

É importante assinalar que James era um rapaz bem legal, o que foi muito útil, pois ele não era um bom vendedor. Para falar a verdade, ele era péssimo — ao contrário de quase todos os outros que aparecem neste livro. Se um inventor não consegue vender suas ideias, não tem chance de ser bem-sucedido, e muito menos de ficar famoso — a não ser que, como James, o fulano tenha amigos para ajudá-lo. Um dos primeiros amigos de James foi Robert Dick, que lhe conseguiu um emprego de reparador de instrumentos científicos. Infelizmente, não durou muito e não havia ninguém em Glasgow capaz de ensiná-lo a se tornar um inventor.

Robert concluiu que Londres seria o lugar ideal para James, e assim lá foi ele, acompanhado por um parente distante chamado John. Como os trens só foram inventados no próximo capítulo, a viagem foi longa, ainda mais com os dois dias de descanso dos cavalos.

James Watt

Em Londres, Robert apresentou James a um amigo que fazia instrumentos. Mas o amigo — também chamado James —, embora tenha ajudado o nosso James, não lhe encontrou um emprego. O problema é que ninguém podia aceitar uma pessoa sem treinamento completo na área, e Watt de fato não tinha. No fim, ele acabou encontrando uma vaga, mas não era exatamente o que se pode chamar de emprego dos sonhos.

Contrato de Emprego

Horas: muitas
Condições: horríveis
Pagamento: 21 libras negativas por ano, sem pagamento de despesas
(o empregado deve pagar ao empregador pela valiosa experiência que ganhará com esse trabalho)

Mas James ficou com a vaga. Ele tinha de arranjar outros empregos para pagar este, sem contar as despesas com comida e lugar para morar, por isso trabalhou até ficar doente. Então voltou para a Escócia, onde Robert conseguiu lhe arranjar outro trabalho de reparador de instrumentos científicos. Era apenas temporário, mas, enquanto James trabalhou lá, fez mais dois amigos: John Robison e Joseph Black, este último um cientista. Por sorte, James era muito popular na Universidade, e ele já sabia que não conseguiria se tornar um criador de instrumentos fora dela, pois ainda não tinha passado pelo tal treinamento completo. Então a Universidade lhe ofereceu a oportunidade de abrir uma loja no próprio campus.

Finalmente, James não precisava mais trabalhar feito louco e passou a ter uma chance de mudar o mundo. E foi isso que ele fez. Assim, outro de seus tantos amigos, John An-

Inventores e suas ideias brilhantes

derson,* levou um motor a vapor para que Watt arrumasse. Era um modelo Newcomen, é claro.

Enquanto James consertava o aparato, teve a oportunidade de entender exatamente como ele funcionava, e logo percebeu o que podia ser feito para melhorar seu funcionamento. James era diferente dos outros engenheiros que trabalhavam com vapor porque ele não tentava apenas aumentar os motores, colocando mais combustível neles e xingando as máquinas. Em vez disso, ele tentou compreendê-los.

James era um cientista de primeira e logo entendeu que havia um problema grave com o motor Newcomen que o deixava muito ineficaz. Era esta a questão:

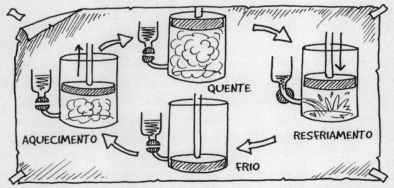

O motor funcionava a partir de um sistema criativo, mas o cilindro tinha de ser continuamente aquecido até o pon-

---

* Todos os amigos de James têm nomes que começam com J. Vai entender...

James Watt

to de fervura para transformar a água em vapor e ajudar a empurrar o pistão, e depois deveria ser resfriado outra vez para transformar o vapor em água, de modo que a pressão do ar pudesse trazer o pistão de volta. Esse processo de resfriamento desperdiçava a maior parte do calor que fervia a água. Então James teve uma ideia brilhante:

Assim James construiu seu próprio modelo com um condensador separado (um vasilhame frio o bastante para transformar o vapor em água). Então ele manteria esse vasilhame frio e o cilindro quente, e o equipamento funcionaria com muito menos combustível. Como pistão, James usou uma seringa de estudante de anatomia, como aquelas usadas para se injetar cera em cadáveres (igualzinha à que Leonardo da Vinci costumava usar).

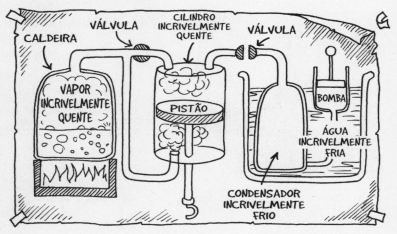

E funcionava assim:

Bastante simples, como podemos perceber. Agora era só esperar o dinheiro entrar.

James Watt

Onze anos depois...

James Watt esperou, esperou e esperou por onze anos, enquanto se ocupava trabalhando como agrimensor, o que odiava. Enquanto aguardava, seu motor a vapor enferrujou e se encheu de pó e mofo. James poderia ter esperado a vida toda, se não fosse por um *outro* amigo seu, John Roebuck. Ele apresentou James a Matthew Boulton,* que era bem o tipo de amigo de que James precisava: um empresário! Poucos anos depois de terem se conhecido, os dois investiram juntos em um negócio e James finalmente construiu um motor de maior escala. Em 1776, eles mostraram a invenção a vários engenheiros, operadores de minas, empresários e até a um repórter.

Ela era genial. Chiava, rugia, ia para cima e para baixo e fazia todas as coisas que motores a vapor conseguem fazer. Utilizava um terço do combustível que os motores Newcomen, e todos amaram a máquina. Watt sabia que muitas pessoas precisavam daquilo, especialmente os mineiros da Cornualha (eles tinham minas bem úmidas, mas não havia carvão para usar nos motores a vapor, o que os impedia de usar os motores Newcomen).

Estava chegando a hora de James Watt viver feliz para sempre — antes, porém, ele precisava instalar um dos seus motores na Cornualha. Embora todos os mineiros conhecessem os problemas dos Newcomen, eles não confiavam em James e em sua máquina. (E Richard Trevithick, que aparece de novo no próximo capítulo, já tinha tentado roubar os esboços da invenção, o que não era um bom começo.) Entretanto, quando James pôs a engenhoca para funcionar, todos ficaram impressionadíssimos! Ou pelo menos sacudiram a cabeça e resmungaram como símbolo de aprovação. Ele descobriu que quanto mais barulho a máquina fazia, mais eles gostavam, en-

---

* O primeiro nome que não começa com J. Um mistério.

Inventores e suas ideias brilhantes

tão preferiu deixar algumas partes com uma montagem mais tosca, para produzir ruídos e guinchos satisfatórios.

O cérebro robótico de James

Matthew e James trabalharam juntos, felizes da vida, por anos. O dinheiro logo começou a entrar, e James ficou fazendo o que ele mais gostava: aprimorando seu motor a vapor. Ele aumentou sua eficácia usando o vapor para mover o pistão tanto para baixo como para cima, e trabalhou para mudar o movimento vertical do pistão para um movimento circular.

Ele também inventou algo que foi realmente importante um tempo depois, e muito útil também: uma *máquina de pensar*! Bem, algo assim...

James Watt

Prezado J,

Peço desculpas por ficar tanto tempo sem escrever, mas andei ocupado com a Revolução Industrial e inventando novas coisas para o motor a vapor. Minha invenção mais recente serve para impedir os motores de fazer BUM. Funciona assim:

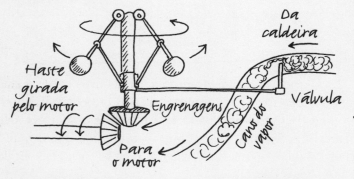

O que acontece é que, se o motor está indo rápido demais, minha invenção gira rápida demais também, e as bolas giram para fora. Elas estão ligadas a um anel que sobe pela haste vertical. Conforme ele sobe, a válvula começa a se fechar. Isso diminui a quantidade de vapor e o motor desacelera.

Se o motor está lento demais, minha invenção perde velocidade, as bolas caem, o anel desce e a válvula abre um pouco mais, liberando mais vapor e acelerando novamente o motor.

Inventores e suas ideias brilhantes

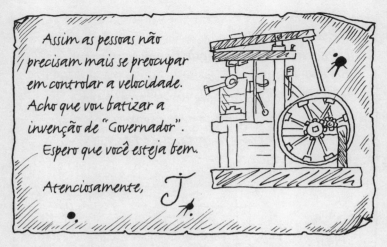

Esse processo de reagir automaticamente às coisas é chamado de *feedback*, e é muito utilizado em computadores, sistemas de aquecimento central e outros aparatos inteligentes. Os cérebros dos primeiros robôs não eram muito mais do que sistemas de *feedback*, e os robôs atuais ainda estão cheios deles.

Ciência a todo vapor

Os motores a vapor mudaram o mundo porque eram muito melhores que os Newcomen, mas James Watt nunca teria tido tanto sucesso se fosse apenas um mecânico. Ele era também um cientista, uma pessoa capaz de analisar e resolver problemas logicamente, e um dos problemas que solucionou foi o de como medir a potência de um motor.

James Watt

Antes de existirem motores a vapor, os cavalos eram usados nas minas para acionar as bombas, por isso a potência de um cavalo era uma medida prática e bastante conhecida por todos. Quando as máquinas começaram a fazer o trabalho dos animais, nada seria mais lógico do que medir a potência delas comparando-a com a dos cavalos. Mas como isso poderia ser feito? Depois de estudar muito a questão, James definiu um cavalo imaginário médio e o utilizou como medida de potência. Hoje em dia, porém, a força dos cavalos não constitui uma medida muito usada; em vez disso, se utiliza uma batizada em homenagem a James: o "Watt" de potência.

Em 1800, quando James tinha 64 anos, a patente do seu motor a vapor expirou, e qualquer pessoa passou a ter o direito de fabricar o seu. Ele estava cheio de dinheiro nessa época, então não havia problema. Mas, de qualquer forma, James concluiu que era hora de parar de trabalhar e começar a se divertir. Assim, passou os dezenove anos seguintes aposentado e contente da vida, em um casarão que ele mesmo construiu, doando dinheiro, cuidando do jardim, viajando, lendo e experimentando novas invenções, como uma máquina de copiar esculturas.

Aparecia todo tipo de gente para lhe consultar sobre todo tipo de coisa: queriam saber como construir motores poderosos, pincéis flexíveis, máquinas de movimento perpétuo... Às vezes queriam apenas saber como consertar uma chaminé muito fumarenta. Por sorte, apesar de toda fama e fortuna e das pessoas todas dizendo como ele era genial, James Watt continuou sendo um cara bacana, que respondia a todos com a maior paciência.

Inventores e suas ideias brilhantes

James continuou interessado no mundo ao seu redor — um mundo que se transformava rapidamente devido à sua própria invenção. Em 1816, quando ele contava oitenta anos, o seu barco a vapor deu problema e ele ficou pensando em como poderia melhorar aquele motor. Novas máquinas surgiram, usando vapor em alta pressão, mas ele não as utilizou: era muito provável tudo acabar em BUM!

Algumas pessoas queriam fazer motores a vapor que pudessem ser transportados. James chegou a pensar sobre eles em algum momento, mas concluiu que era perda de tempo...

JAMES WATT: ASSIM FOI SUA VIDA

PRINCIPAIS INVENÇÕES:
- Motores a vapor eficazes com condensadores separados
- Novas maneiras de fazer com que motores a vapor movimentassem rodas
- O Governador: o primeiro mecanismo popular a usar o sistema de *feedback*

TAMBÉM FICOU FAMOSO POR:
Inventar a velha unidade de potência e ter uma nova unidade batizada em sua homenagem.

GEORGE STEPHENSON E SUAS ARRISCADAS FERROVIAS

George Stephenson inventou o trem assim como James Watt inventou o motor a vapor — ou seja, não foi ele quem fez isso! Mas ambos merecem ser um Morto de Fama pois conseguiram aproveitar uma boa ideia, colocando-a em funcionamento. O próprio George ajudou a disseminar a história de que ele tinha inventado o trem; gostava que os outros pensassem que os sucessos eram só dele e que ele não dependia de mais ninguém.

George Stephenson, vigilante das vacas

George nasceu em 1781. Nessa época, James Watt tinha 45 anos. O pai de George tinha um motor a vapor, o que deve ter interessado o filho. E, assim como Watt, mas diferente de Leonardo da Vinci, ele nasceu na época certa para que suas invenções se tornassem um sucesso. George arranjou um emprego quando tinha nove anos: ficava de olho nas vacas para que elas não atravessassem os trilhos da ferrovia local e fossem atropeladas por trens puxados a cavalo. Ele era um rapaz esperto e, depois de conseguir um fascinante emprego de "separador de carvão", tornou-se um especialista em motores a vapor, trabalhando como assistente de seu pai. Isso

Inventores e suas ideias brilhantes

foi até George completar dezessete anos. Depois disso ele encontrou uma nova atividade: chefe de seu próprio pai!

Até esse momento, Stephenson não havia tido tempo para estudar, mas ele mesmo percebeu que um pouco de educação não lhe faria mal e, aos dezoito anos, passou a frequentar a escola, de noite. (Lá na escola, no entanto, ele nunca chegou de fato a aprender a ler, escrever nem somar, subtrair, essas coisas.) Era raro, naquela época, que uma pessoa sem dinheiro ou educação chegasse muito longe na vida. Talvez por isso George fosse um pouco orgulhoso de si e tivesse certo preconceito em relação aos cientistas que apareciam cheios de teorias, mas que não tinham coragem de pôr a mão na massa. Além disso, George se casou e teve um filho chamado Robert, que acabaria quase tão famoso quanto o pai. George amava o filho, mas o fez trabalhar arduamente, tanto nos estudos quanto em atividades práticas.

A invenção mais original de George não tem nada a ver com trens: ele bolou um lampião mais seguro para os mineiros, que não desencadeava explosões nas minas, nem mesmo quando estavam cheias de gás inflamável (como costumavam estar). As minas às vezes eram tão cheias de gases perigosos que, em vez de lampiões, os mineiros grudavam pele de peixe podre no corpo para iluminar a área (um experimento  interessante para se fazer em casa, por sinal). Algumas vezes os bombeiros eram recrutados para auxiliar no trabalho dos mineiros — mas não para apagar algum incêndio, porque esse seria um trabalho quase impossível! No século XVIII, os bombeiros ajudavam nas minas descendo com velas presas a gravetos bem longos, vestindo sacos úmidos para se proteger em caso de alguma explosão; uma delícia de trabalho!

O lampião de George não foi o primeiro seguro a existir. Em 1813, um tal de dr. Clanny havia inventado um, mas que era enorme e precisava de ajustes constantes. (Só para deixar claro, Stephenson nunca disse que ele tinha sido *o primeiro* — por mais que não gostasse de dar muito crédito aos outros, ele nunca exagerou seu próprio papel nas descobertas.) A invenção de George era muito mais simples e prática, mas, infelizmente, também era muito parecida com um outro lampião inventado por sir Humphry Davy na mesma época.

A única grande diferença entre eles era que o lampião de Humphry não tinha uma chaminé de vidro, o que fazia do lampião de George um equipamento muito mais seguro: o de Humphry podia ficar quente demais e explodir, enquanto o de George se apagava caso houvesse muito gás, coisa que ele mesmo descobriu enquanto testava sua invenção em uma mina cheia de gases perigosos.

Inventores e suas ideias brilhantes

Quando ficou perigoso demais, George seguiu sozinho, notando calmamente a mudança de cores do lampião enquanto o equipamento se apagava aos poucos — ou, claro, se preparava para explodir! Ele tinha bastante certeza de que estava certo (ele sempre achava que estava certo...) e que o lampião simplesmente se apagaria, mas de qualquer maneira deve ter sido uma experiência bastante assustadora.

Em outro teste supostamente mais seguro do que esse, ele e Robert encheram bexigas com gases inflamáveis e as levaram até sua casa para realizar algumas provas. Em um certo momento, porém:

Humphry Davy ficou furioso com o fato de que uma pessoa sem educação formal como George tinha inventado esse lampião seguro, então decidiu escrever cartas raivosas para todo mundo, o que só serviu para deixá-lo com fama de idiota. George não entrou na discussão; o máximo que fez foi dar uma breve palestra explicando como o lampião funcionava. Falar em público o assustava muito mais do que descer a uma mina cheia de gases perigosos, e ele ficou com o rosto tão vermelho de vergonha que dava quase para acender uma vela na sua bochecha.

George Stephenson

Para inventar esse lampião, George se baseou em testes práticos, nos quais foi errando e acertando. Ele era muito diferente de Arquimedes nesse ponto, pois não começava a pensar em suas criações desenhando teorias no papel (ou na pele). Mas foi um inventor brilhante do mesmo jeito.

Outra invenção no início da carreira de George foi um berço que balançava sozinho, movido pela fumaça que saía das chaminés. Ninguém sabe direito como funcionava, mas pelo jeito funcionava.

Explosões e colisões

Apesar de James Watt jurar que um motor a vapor não poderia ser usado em movimento, muitas outras pessoas resolveram dar uma testada. Os motores de James eram pesados demais para isso, então não adiantaria apenas colocar rodas em um deles e ficar sentado esperando que te levasse para passear, porque o motor ficaria ali, parado, chiando e grunhindo. Naquela época, só o que existia para transportar coisas para lá e para cá eram...

Cavalos são legais, apesar de serem meio irritadiços e produzirem muita...

Inventores e suas ideias brilhantes

Porém, não são tão fortes nem tão rápidos assim e, quando você não está em cima deles, precisam de descanso, alimentação e cuidados.

O primeiro veículo movido a vapor foi inventado quando James Watt tinha 33 anos e ainda faltavam doze para George vir ao mundo, mas a máquina não andava sobre trilhos. Foi desenvolvida em 1769 pelo capitão Nicolas Cugnot e era um vagão com uma chaleira enorme na frente, com espaço para carvão, que era usado para fazer fogo e aquecer. O vapor produzido era distribuído por um par de cilindros que não eram ligados à roda da frente. Mas o invento não funcionava muito bem, e se chocou contra uma casa à assombrosa velocidade de cinco quilômetros por hora.

Muitas coisas parecidas aconteceram 32 anos depois, quando Richard Trevithick (nós o conhecemos no capítulo anterior) construiu um carro a vapor que em poucos instantes saiu da rota e colidiu com outra casa... Mas Trevithick não se importou. Ele era um rapaz grandalhão, musculoso e

George Stephenson

cheio de amor para dar que adorava mais que tudo arremessar martelos pesadíssimos nos tetos das casas para mostrar como era forte. Depois da batida do carro, sabe o que ele fez? Entrou em pânico? Que nada. Uma testemunha do acidente relata o seguinte:

> *As partes envolvidas rumaram a um hotel e reconfortaram-se com um ganso assado e uma garrafa de vinho. Tinham, porém, se esquecido por completo do motor, e assim sua água continuou a ferver, o ferro ficou vermelho de tão quente e não sobrou nada do motor ou da casa (isto é, nada que fosse inflamável...).*

Ficou claro que a tarefa de impedir que os carros a vapor colidissem com casas não seria fácil, então Trevithick tentou colocar um deles sobre um trilho para fazer uma locomotiva. Ainda bem que ele não precisou inventar os trilhos, pois eles já existiam há muito tempo, desde pelo menos o início do século XVI. Eram todos feitos de madeira, até o ano de 1770, quando criaram os trilhos de ferro fundido. Em vez de locomotivas, os vagões eram puxados por:

Inventores e suas ideias brilhantes

Em 1804, Trevithick pôs sua ideia em prática. Ele construiu uma locomotiva capaz de viajar a oito quilômetros por hora e, em 1808, inventou outra que andava sobre trilhos e foi batizada de "Pegue-me se for capaz". Ela só fazia um percurso circular de poucos metros e por isso não servia para viajar nas férias, mas mesmo assim muitas pessoas se divertiam andando nela.

Os motores de Trevithick sofriam de muitos males. Para deixá-los potentes e fortes o bastante para conseguirem se arrastar, Trevithick usava vapor de alta pressão, o que ocasionava muitos BUMS. Eles também não eram nada confiáveis, e, de tão pesados, quebravam os trilhos. Ou seja: eram divertidos (de uma maneira meio assustadora e mortal), mas não muito úteis.

Apesar disso, o vapor de alta pressão era um grande passo adiante e, se Trevithick tivesse continuado a trabalhar na sua invenção, talvez estivesse entre os inventores Mortos de Fama. Mas ele sempre acabava resolvendo experimentar coisas diferentes, como armas a vapor. Em 1811, partiu para a América do Sul com planos de enriquecer, e assim George Stephenson voltou a ser o maior inventor de coisas a vapor na Europa.

Trem do terror

A grande chance de George surgiu em 1812, quando ele ficou sabendo que um motor a vapor que bombeava água de uma mina próxima estava um pouco... bem, completamente arruinado. Ele deu uma olhadinha rápida e disse, super seguro de si, que conseguiria consertar o motor. Desmontou a máquina, modificou-a, reconstruiu-a e passou a usar o dobro da pressão de vapor. Duplicar a pressão poderia ser uma maneira brilhante de causar uma baita explosão, então muitas pessoas foram até lá assistir o que aconteceria quando o motor fosse ligado. O que ocorreu foi que o motor começou a sacudir loucamente, balançando toda a casa de máquinas.

George Stephenson

Todo mundo entrou em pânico, menos George. E ele tinha razão. Logo o motor se acalmou e passou a funcionar perfeitamente. Foi um sucesso! Todos que tinham a intenção de vaiar voltaram para casa decepcionados. E George recebeu uma proposta de emprego: seu trabalho seria cuidar dos motores a vapor numa mina de carvão e ele receberia o  impressionante salário de cem libras por isso! Agora teria dinheiro para pagar a escola do filho Robert.

Nessa época, a nova descoberta foi que motores a vapor fixos podiam ser usados para puxar vagões por trilhos de madeira morro acima, dando descanso aos pobres cavalos.

George e Robert trabalharam juntos desenvolvendo mecanismos desse tipo.

As pessoas estavam bem empolgadas com a ideia de substituir o máximo possível de cavalos por máquinas, pois havia poucos equinos disponíveis, já que muitos estavam sendo usados pelo exército nas Guerras Napoleônicas — e, além disso, a comida para cavalos estava cara.

Inventores e suas ideias brilhantes

Então foram construídas muitas locomotivas experimentais, mas todas sofriam dos mesmos males:

George estava determinado a resolver esses problemas e fazer uma locomotiva funcionar direito. Comparado aos outros inventores famosos, ele não fez uma descoberta incrível, mas foi melhorando pouco a pouco os motores a vapor, e logo os construía melhor que qualquer outro. O que era especial em George é que ele não prestava atenção só na locomotiva: pensava também nos trilhos. Inclusive patenteou os que montou, permitindo um sistema melhor de contato entre rodas e trilho que fazia as locomotivas andarem mais suavemente. Era mais confortável se locomover e os trilhos não quebravam com tanta frequência.

O mistério do trem Blü

Em 1814, George inaugurou sua primeira locomotiva a vapor, a *Blücher*. Não se sabe muito sobre ela, pois não restaram planos ou desenhos do modelo. Supostamente, pesava trinta toneladas, viajava a seis quilômetros por hora e tinha rodas especiais que não deslizavam para fora dos trilhos. Pa-

George Stephenson

rece que funcionava mais ou menos bem: não colidiu em nenhuma casa e, apesar de ser superbarulhento, de parar de vez em quando e precisar de um empurrãozinho para voltar a funcionar, esse trem foi um grande sucesso.

Isso quer dizer que George construiu uma locomotiva que funcionava. Mas ela não tinha muitos lugares aonde ir: no final, a maioria dos trilhos carregava carvão de alguma mina até o porto mais próximo.

O que precisavam agora era de uma rede de trilhos com estações, tíquetes e carrinhos passando com café e sanduíches. E eis que surge Edward Pease, um empresário que queria ligar as cidades inglesas de Stockton e Darlington com uma ferrovia de quarenta quilômetros. Ele planejava transportar apenas carga em vagões movidos por cavalos, mas convidou George, que tinha planos bem diferentes, para ser o engenheiro-chefe da obra.

Edward arrecadou investimentos para o projeto e inclusive disponibilizou 10 mil libras do seu próprio bolso, mas muitas pessoas não davam a mínima para locomotivas, especialmente aquelas que eram donas de canais,* diligências ou vagões transportados por cavalos. Essas pessoas não queriam perder o seu negócio e foram contrárias à ideia de Edward e George. Então, o projeto da ferrovia só saiu do papel após muita discussão e um decreto do Parlamento — para falar a verdade, foram necessários *dois* decretos do Parlamento: um para o trem e outro para os trilhos. Muitos especialistas também não gostaram da ideia: até o consultor do projeto original disse que "uma locomotiva em lugares públicos seria um incômodo constante". George deve ter tido a impressão, muitas vezes, de que todo mundo era contra os trens...

---

* Os canais eram a melhor maneira de transportar carga antes de George aparecer no pedaço.

Inventores e suas ideias brilhantes

Então não foi fácil para George, e ele provavelmente nunca teria conseguido seguir com seus planos se não confiasse muito nas próprias habilidades. Ele confiava, claro, mas, apesar de ser o melhor engenheiro do continente, às vezes tinha lá suas dúvidas...

Em 1821, John Birkinshaw desenvolveu um novo método de dispor trilhos de ferro que os deixava mais flexíveis. George foi vê-los, concluiu que eram melhores do que os trilhos que ele mesmo tinha inventado e insistiu que fossem usados na ferrovia de Stockton a Darlington, apesar de isso significar um gasto ainda maior. Edward foi igualmente convencido da importância dos novos trilhos e assim persuadiu os investidores a acreditar no valor deles para a nova linha em que estavam trabalhando.

Quando todos os trilhos foram postos, George e Robert construíram duas belas locomotivas chamadas *Locomotion* e *Hope* (esperança), além de um vagão de passageiros chamado *Experimento*. A linha de Stockton a Darlington foi inaugurada em 1825: era a primeira ferrovia pública a usar loco-

George Stephenson

motivas a vapor. Até então, muitas pessoas ainda achavam que a *Locomotion* poderia ser movida por um animal — ou talvez por "uma versão automática de um cavalo", como alguém comentou. Todos que viajaram naquela linha de trem adoraram a experiência, apesar de muitos não pretenderem ir nem para Stockton nem para Darlington.

George Stephenson, uma ameaça às vacas

O projeto seguinte de George foi uma linha conectando Liverpool a Manchester. Se para ele já tinha sido complicado implementar a linha que ligava Stockton a Darlington, essa nova parecia impossível, pois havia ainda mais gente resistindo à obra. Mesmo com a linha Stockton—Darlington indo bem, sem matar ninguém de susto, as pessoas ainda reclamavam e diziam que a nova "impediria as vacas de pastar, faria com que as galinhas parassem de botar ovos, fecharia pousadas no campo, poluiria o ar e levaria a espécie equina à extinção". A desconfiança era tão grande que a análise do terreno precisava ser feita às escondidas, durante a noite.

Inventores e suas ideias brilhantes

O BULDOGUE INGLÊS
1829

FREEMOS AS LOCOMOTIVAS
ANTES QUE ELAS NOS MATEM

O louco do Stephenson está de volta. Ele quer construir *outra* linha ferroviária para ser percorrida por suas locomotivas lunáticas, desta vez ligando Liverpool a Manchester. Mas o povo da Inglaterra pode impedi-lo.

Stephenson precisa de apoio do Parlamento para que a linha seja aprovada. É hora de dar um basta! Sele o seu cavalo! Vá até o parlamentar mais próximo! É hora de frear essas máquinas da morte!

Com tantos protestos, não foi fácil para o Parlamento aprovar a implantação da linha. As discussões começaram bem para o pessoal da ferrovia. Quando perguntaram a George se uma vaca parada no meio dos trilhos no caminho de um trem que andasse a dezesseis quilômetros por hora não geraria uma circunstância "muito desconfortável", Stephenson respondeu: "sim, muito desconfortável para a vaca".

Mas logo as polêmicas começaram a surgir. Primeiro George deixou escapar que os trens poderiam alcançar a assombrosa velocidade de vinte quilômetros por hora (seu conselheiro o impediu de dizer "trinta quilômetros por hora" porque aí ele seria considerado louco). Então, descobriu-se que o plano traçado por George tinha muitos erros e imprecisões (infelizmente, Robert estava ausente quando os planos foram feitos, senão teriam ficado bem melhores). No final, a linha foi rejeitada, o que foi um tanto chato, pois a companhia ferroviária precisou refazer tudo, estudando outra vez o terreno e apresentando uma nova proposta. Embora desta vez ela tivesse sido aprovada, todos estavam um pouco irritados com George e com seus comentários sobre as velocidades ab-

George Stephenson

surdas que o trem poderia alcançar, então ele foi rebaixado do cargo de engenheiro-chefe para engenheiro operacional.

Apesar do início conturbado, todos perdoaram George quando os trilhos começaram a ser dispostos. Um dos seus feitos mais impressionantes foi ter conseguido assentar as barras de ferro em um pântano "sem fundo" chamado Chat Moss — tarefa bastante melequenta.

Os jornais locais, que adoravam uma bagunça, relataram o seguinte:

Inventores e suas ideias brilhantes

Batalha dos trens

Enquanto tudo isso acontecia, Robert trabalhava como engenheiro na América do Sul. Provavelmente, ele resolveu se mudar para escapar da natureza dominadora do pai. E também porque lá, sem a ajuda de ninguém, ele poderia provar que era realmente bom. Mas, em 1827, Robert acabou voltando para a Inglaterra e construiu com George a sua locomotiva mais famosa:

Caderno Secreto de George

Bem, eu e meu filho bolamos uma loco sensacional desta vez. Ela se chama Foguete. Vai rolar uma baderna quando o comitê ficar sabendo, ou eu não me chamo George. Tá vendo esses tubos de aquecimento? Eles mandam o calor direto do carvão em brasa para a água da chaleira, então tem um montão de vapor em alta pressão para fazer uma loco andar como um coiote. Sem contar meus cilindros oblíquos especiais, minha maneira supersimples de ligá-los nas rodas, e a maquinaria perfeitinha de cada parte. Pois é, isso aí é um milagre e não tem erro nenhum.

George Stephenson

Inventores e suas ideias brilhantes

Porém, ainda havia muita discussão pelo caminho: a ferrovia estava sendo construída, mas não necessariamente para o uso das locomotivas. Então um comitê visitou Darlington para dar a palavra final. Edward tinha instruído os engenheiros a "deixar os motores e os funcionários o mais limpos possível", mas nenhum sujeito arrumadinho conseguiu convencer o comitê, que recomendou que se usassem motores a vapor fixos para arrastar os trens, como se fazia em outros lugares. George ficou furioso, mas se controlou e escreveu um relatório excelente mostrando como as locomotivas eram melhores. Finalmente, elas acabaram sendo aceitas. Ufa!

No entanto... até aquele momento, não estava certo de que as locomotivas usadas seriam as criadas por Stephenson, pois muitas outras pessoas também estavam construindo as suas. Foi organizada, então, uma competição chamada de Provas de Rainhill para decidir qual era a melhor. O evento aconteceu em outubro de 1829 e cinco locomotivas foram inscritas: o *Foguete* e as seguintes:

George Stephenson

2. A *SEM IGUAL* — ESTA ERA MAIS PESADA DO QUE AS REGRAS PERMITIAM, MAS DE QUALQUER FORMA DEIXARAM-NA PARTICIPAR. ELA ESTAVA CUSPINDO CARVÃO EM BRASA PELA CHAMINÉ, ATÉ QUE SUMIU NO MEIO DE UMA NUVEM DE VAPOR. DEPOIS DISSO, ACABOU PARANDO E PRECISOU SER EMPURRADA ATÉ O FIM DOS TRILHOS.

3. A *CICLOPE* — ESTA ERA, NA VERDADE, UM CAVALO ANDANDO EM CIMA DE UMA ESTEIRA.

4. A *PERSEVERANTE* — ESTA QUEBROU O VAGÃO QUE A TRANSPORTAVA ATÉ AS PROVAS E SÓ CHEGOU LÁ NO ÚLTIMO DIA. O DONO, VENDO O QUE OS OUTROS CONCORRENTES TINHAM INVENTADO, CONCLUIU QUE NÃO TINHA A MENOR CHANCE E ABANDONOU A COMPETIÇÃO, MOSTRANDO NÃO TER MUITA PERSEVERANÇA.

Inventores e suas ideias brilhantes

O *Foguete* ganhou a competição sem muito esforço. A ferrovia tinha sido aprovada, seria usada por locomotivas e estas seriam desenvolvidas pelo George. Então estava tudo resolvido, certo? Não. A ferrovia de Stockton a Darlington só tinha um trem, mas a de Liverpool a Manchester teria vários, por isso, antes de inaugurá-la, seria necessário criar um *sistema* ferroviário: sinalização, sistemas de encaixe e desencaixe, tabelas de horário e todo o resto.

Até que finalmente...

George Stephenson

Apesar do triste fim de William Huskisson, 1830 foi o ano no qual o público passou a aceitar de fato as ferrovias e as locomotivas e finalmente acreditou que era possível viajar a vinte quilômetros por hora sem perder a cabeça. De repente, todos queriam que George construísse uma ferrovia, e ele não reclamou da demanda: viajou 32 mil quilômetros entre 1835 e 1837 nessa função...

Em um de seus projetos, George construiu uma impressionante ponte sobre o rio Tyne de 1300 metros de comprimento, 170 metros de largura e 45 metros de altura. Seu filho Robert começou a se envolver cada vez mais com as novas ferrovias e foi o engenheiro de uma linha ainda *mais* polêmica que a outras: a que ligava Birmingham a Londres. (Um membro do Parlamento chamado coronel Sibthorpe até disse, na época, que "preferia conhecer um ladrão a um engenheiro".)

Inventores e suas ideias brilhantes

Mundo a vapor

Só em 1838, quando George finalmente se aposentou, indo morar em uma enorme mansão, foi que ele parou de construir ferrovias — mas não deixou de inventar coisas: um de seus triunfos foi ter criado um pepino reto. Ele também gostava de tirar sangue de seus convidados, examinar uma amostra no microscópio e especular sobre a personalidade das pessoas com base nos grupos sanguíneos (que eram recém-descobertos). Além disso, agora George se dedicava a cantar e lutar, e, enquanto esperava um trem, adorava ensinar os motoristas a dirigir e os trabalhadores a cavar, como se eles não soubessem. Ele também passou um tempão reclamando que novos avanços na tecnologia a vapor eram uma perda de tempo, assim como o uso de vapor de alta pressão.

Agora que George tinha muito dinheiro, ele passou a presentear os amigos, especialmente aqueles que o haviam ajudado no passado. Lhes enviava caixas de frutas, mas

George Stephenson

sempre insistia para que mandassem de volta as caixas de madeira — por trem, é claro.

Graças a James e a George, a era do vapor tinha realmente chegado, e as pessoas estavam fascinadas com essa fonte de energia. Surgiu toda espécie de invenção esquisita, incluindo máquinas de lavar roupa a vapor, um veículo *caminhante* a vapor, um homem metálico que andava e fumava charutos (que Leonardo da Vinci teria adorado), e até mesmo máquinas voadoras a vapor (mas não funcionaram muito bem, e você vai ter de esperar mais alguns capítulos para conhecer uma que realmente deu certo). Muitas outras ferrovias foram espalhadas pelo mundo: hoje existem mais de 2 milhões de quilômetros de trilhos, o suficiente para alcançar a órbita da Lua.

George não curtiu muito todo esse frisson: ele considerava as novas invenções umas porcarias e pensava que só seus motores eram bons. As outras pessoas, no entanto, ficaram bastante impressionadas e muitas mudaram completamente de opinião...

Inventores e suas ideias brilhantes

George foi provavelmente o maior engenheiro ferroviário: tanto seus trilhos como suas locomotivas eram os melhores que existiam, e a revolução ferroviária só irrompeu graças ao seu trabalho. O que significa que George foi um dos principais responsáveis por fazer do período Vitoriano um grande sucesso: cheio de prosperidade, progresso, tecnologia, velocidade e vapor. E, ainda assim, apesar de George ser genial, dominador, autoconfiante e otimista, sem a educação avançada e as habilidades administrativas de seu filho Robert, talvez ele não tivesse chegado tão longe.

As ferrovias logo se espalharam pelos Estados Unidos e também pela Inglaterra, onde serviram como oportunidade de emprego e também de escritório móvel para o inventor mais famoso de todos — o próximo que vamos conhecer!

GEORGE STEPHENSON: ASSIM FOI SUA VIDA

PRINCIPAIS INVENÇÕES:
- A primeira locomotiva que realmente funcionou
- A primeira ferrovia que realmente funcionou
- Lampião seguro para os mineiros

TAMBÉM FICOU FAMOSO POR:
Ser o maior engenheiro de todos os tempos.

THOMAS EDISON E SUAS INÚMERAS INVENÇÕES

Thomas Alva Edison dormia em pé, criou o primeiro *Frankenstein* e elaborou uma espaçonave que voou até Marte para acabar com os marcianos. E além de outras mil coisas, também inventou a lâmpada.

Sério mesmo. Quer dizer, tirando a parte sobre a lâmpada.

Tom nasceu em Ohio, nos Estados Unidos, em 1847. Os Estados Unidos, naquela época, era um lugar fabuloso, cheio de novas ideias. Tinha uma população que rapidamente se expandia, muito dinheiro circulando e muitas lâmpadas a gás. As lâmpadas a gás eram aceitáveis — muito melhor do que andar tropeçando no escuro —, mas elas tinham vários problemas: o pior de todos é que estavam longe de serem brilhantes. Assim como o coitado do Thomas Edison, pelo menos na visão dos professores dele:

Mas a mãe de Tom não acreditou neles e tirou o menino da escola.

E decidiu dar suas próprias aulas...

Ela o incentivou a ler todos os tipos de livros, de ficção a não ficção (seu pai dava dez centavos para cada um que o filho terminava). Porém, por mais inteligente que a sra. Edison fosse, ela nunca seria mais genial do que o seu filho, que se revelou bom em quase tudo, exceto para soletrar. Tom também poderia ter sido ótimo em matemática, mas resolveu ler *Princípios matemáticos da filosofia natural*, de Isaac Newton, e isso o deixou com a pior impressão do mundo a respeito dessa ciência (o livro é bem assustador, mesmo).

Empregos e jornadas

Aos doze anos de idade, Thomas pensou que era hora de encontrar um emprego (no século XIX era assim). Ele conseguiu trabalho na ferrovia, vendendo balas e jornais, mas, como era um garoto ambicioso, logo passou a escrever e imprimir seus próprios jornais, usando vagões como escritório. Quando a guerra civil estourou, em 1861, ele convenceu os donos das estações a colarem as suas manchetes nas paredes dos terminais, pagando-os com cópias extras do seu jornal. Assim conseguiu aumentar o interesse das pessoas pelo que estava acontecendo no país, ou seja, convenceu todo mundo a comprar seus jornais, mesmo depois de ele ter subido os preços! Espertinho, não?

Tom também incluía piadas no seu jornal: "Deixe, eu mesmo recolho os meus pedaços!", dizia o homem que explodiu no moinho de pólvora. É, hoje em dia a piada não tem graça, mas no século XIX... bem, pode ser que nessa época também não tivesse muita graça.

Aos treze anos de idade, Thomas começou a ficar surdo, talvez como consequência de ter contraído escarlatina. Ele até achou bom, pois assim pararia de se distrair tão facilmente com bobagens.

Inventores e suas ideias brilhantes

Depois, quando já era morto de fama (e podre de rico), Thomas também disse que a surdez tinha lhe salvado de ser enganado ou roubado, porque ele obrigava todo mundo a fazer qualquer proposta de negócio por escrito, em vez de simplesmente conversar com a pessoa para definir acordos.

A matéria favorita de Tom era química. Ele tinha um laboratório no porão da casa dos pais, e escrevia "VENENO!" em todas as garrafas só para ninguém mexer nelas. No entanto, por algum motivo obscuro, sua mãe não gostava muito daquela situação, então Thomas transferiu seus produtos químicos favoritos para sua oficina no trem, onde, infelizmente, pegaram fogo e incendiaram uma boa parte do veículo. Tom tinha de fato uma tendência a botar fogo nas coisas. Uma vez foi um estábulo cheio de feno; outra vez, quando seu laboratório inteiro pegou fogo, ele correu e chamou todos os amigos, convidando-os para assistir ao espetáculo.

Muito provavelmente, foi por causa do incêndio que a companhia ferroviária resolveu se livrar do jovem Edison...

Porém, logo depois, ele salvou um garotinho que ia ser atropelado por um trem, como acontece nas cenas emocionantes daqueles filmes mudos que Thomas ainda não tinha inventado. O pai do menino não tinha dinheiro, mas o recompensou ensinando-lhe código Morse e mostrando a Tom

Thomas Edison

como se usava um telégrafo. Isso foi muito emocionante para o garoto, pois os telégrafos, naquela época, eram uma novidade tão empolgante quanto os e-mails alguns anos atrás.

Thomas acabou se tornando um excelente operador de telégrafo. As pessoas escreviam mensagens, Tom as traduzia para código Morse e, então, transmitia o código, enviando-o por fio até um operador de telégrafo em outra cidade, que o traduzia de volta para a mensagem original. Como muitos operadores estavam envolvidos com a guerra civil, foi fácil para Tom conseguir um emprego (Thomas Edison ainda era jovem demais para ser soldado).

Quando a guerra acabou, Tom pensou que era hora de sair de casa e explorar o país, afinal, ele tinha catorze anos. Tornou-se um daqueles operadores que viajam por todo canto trabalhando em telégrafos, e também criou sua primeira invenção, uma máquina que repetia automaticamente o código enviado a ela.

Porém, depois de um tempo os empregos acabaram e ele voltou para casa sem um tostão (apenas para descobrir que seus pais também estavam com os bolsos vazios). Então, Tom foi obrigado a sair de casa. Ele encontrou um emprego a 1500 quilômetros de distância, na cidade de Boston, outra vez como operador de telégrafo, na Western Union Company.

Inventores e suas ideias brilhantes

Boston era um lugar incrível, cheio de progressos técnicos, negócios frutíferos e pessoas interessadas em novas tecnologias como os telégrafos. Enquanto Tom estava lá, inventou uma máquina que podia registrar os votos das pessoas automaticamente, pensando que seria uma grande melhoria no sistema, que na época funcionava assim: um político propunha algo e as pessoas preenchiam papéis marcando se concordavam ou não. Cada voto tinha de ser registrado manualmente, então o processo todo acabava demorando horas. Tom patenteou sua invenção para que ninguém roubasse a ideia, mas ele nem precisava se preocupar com isso, porque, apesar de a máquina funcionar perfeitamente, os políticos detestaram o aparato! Eles não queriam que as votações andassem mais rápido. Enquanto os votos eram contados, os políticos podiam ver como tudo estava caminhando, conversar com as pessoas e convencê-las a mudar de opinião. Ou fazer acordo com outros políticos. Ou até fugir do país! Qual a graça de ser um político se você não pode fazer essas coisas?

Um ano depois, Tom foi demitido da Western Union por não se concentrar no trabalho, então ele se mudou para Nova York, onde também não encontrou emprego e quase morreu de fome. Mas logo uma coisa incrível aconteceu. Os executivos dependiam de uma invenção chamada "tíquete de ações", que registrava mensagens sobre ações e cotações numa longa tira de papel, e quando uma dessas máquinas quebrava...

Thomas Edison

Assim Tom realmente começou a se interessar por inventar coisas. Ele criou coragem e resolveu oferecer para a Western Union uma série de melhorias ao sistema de tíquetes de ações. Tinha pensado em pedir 3 mil dólares, mas nesse ponto não teve tanta coragem e sugeriu que Marshall Lefferts, o agente, lhe fizesse uma oferta. Marshall ofereceu 40 mil dólares. Foi a primeira vez na vida de Tom que ele quase desmaiou. Em vez de cair para trás, porém, ele se controlou e acabou se tornando o inventor mais famoso do mundo.

Inventando adoidado!

Tom sempre desprezou as pessoas que achavam que ele fantasiava demais em suas invenções. Ele tinha uma mentalidade prática e organizada: conseguia visualizar problemas complexos e resolvê-los logicamente, e, o mais importante, agora também tinha capital para levar tudo isso a sério. Man-

Inventores e suas ideias brilhantes

dou uma boa quantidade de dinheiro para os seus pais e usou o resto para abrir uma loja de manufatura, onde passou a produzir emissores de tíquetes de ações. A partir de então, começou a inventar coisas sem parar, começando pelo telégrafo múltiplo, uma ideia que depois Alexander Graham Bell transformou no telefone, como descobriremos quando...

como descobriremos quando a gente *chegar* no próximo capítulo!

Em pouco tempo, Tom estava ganhando tanto dinheiro com suas invenções que resolveu se mudar para um laboratório de verdade em Menlo Park, New Jersey, onde contratou vários assistentes. Ele era obcecado por trabalho — frequentemente trabalhava vinte horas por dia e esperava que seus empregados fizessem o mesmo. Um dia ele trabalhou 72 horas seguidas sem dormir, e às vezes pegava no sono de pé, de tão cansado que estava. Por sorte, a maioria dos seus assistentes era tão maluca por invenções quanto ele.

Tom já estava casado e com três filhos nessa época. Ele apelidou os dois primeiros de Ponto e Traço (nomes que os operadores de telégrafo davam para os sinais curtos e longos). No entanto, ele mal via a família, afinal, havia tanta coisa para se inventar...

Thomas Edison

Em 1876, Alexander Graham Bell criou o telefone, mas o aparato não era perfeito, pois o sinal era fraco demais e não conseguia percorrer longas distâncias, devido à péssima qualidade da conversão das ondas sonoras em sinais elétricos. Então Edison bolou um dispositivo muito melhor, o microfone de carvão. Nele, uma lâmina de metal tocava levemente num pedaço de carvão, e uma corrente elétrica fluía entre os dois materiais. Quando uma pessoa falava no aparato, as ondas sonoras pressionavam a lâmina contra o carvão com firmeza, então a corrente elétrica fluía com mais força. Sendo assim, a corrente variava conforme a pressão das ondas sonoras; ou seja, o padrão da corrente era similar ao padrão do som. Desse jeito, Tom tinha inventado uma maneira de transmitir um sinal forte por centenas de quilômetros.

Então Thomas apareceu com uma invenção genial completamente sua. Ele já tinha descoberto que um pedaço de giz encharcado de ácido deslizaria por um metal se houvesse corrente elétrica (aliás, isso é algo muito fácil de perceber — você com certeza já deve ter notado, não?). Assim, no seu modelo de receptor telefônico, um pedaço de giz em movimento se arrastaria num pedaço de metal conforme o sinal elétrico, e o movimento do giz faria o metal vibrar conforme a mudança de força do sinal. Em resumo, um sinal elétrico gerado por ondas sonoras de um lado da linha telefônica seria convertido em vibrações em um pedaço de metal do ou-

Inventores e suas ideias brilhantes

tro lado da linha, e essas vibrações formariam ondas sonoras outra vez. Complicado? E ainda tinha um problema: como fazer o pedaço de giz se movimentar?

Em 1877, Tom inventou um de seus aparatos mais populares: o fonógrafo, precursor do toca-discos. (Seus parentes mais velhos, os mesmos que dizem que a música pop só foi boa nos anos 1970, provavelmente se lembram dos toca-discos.)

O fonógrafo era um pouco como o telefone, só que, em vez de gerar sinal elétrico, os sons eram usados para fazer uma agulha vibrar e riscar uma folha de alumínio enrolada em um cilindro rotatório. Quando o alumínio era girado, a agulha se movia e suas vibrações eram transformadas em som, reproduzindo os sons originais da gravação, só que com uma qualidade pior, criando um efeito meio metálico, cheio de barulhos de arranhões.

Thomas Edison

Um repórter comentou que quando ouviu a gravação de uma pessoa tocando violino, tudo que conseguiu perceber era que tinha um violino sendo tocado. Mas as pessoas ficaram fascinadas com a novidade e pagaram uma grana para escutar gravações péssimas de seja lá o que fosse.

O melhor do pop, 1880
1. Uma canção de amor pra lá de melosa
2. Alguém contando piadas sem graça quase aos gritos
3. Cães latindo
4. Uma sonata para violoncelo (executada em uma tuba para conseguir ser ouvida)
5. Um discurso chatíssimo de um político

Agora que Tom tinha concluído uma invenção que acabaria sendo responsável pelo surgimento das *boy bands*, ele pensou que era hora de inventar algo diferente e genial. Então, lá foi ele inventar a lâmpada elétrica. Infelizmente, Joseph Swan, um homem com uma barba quase tão assustadora quanto o livro de Isaac Newton,

já tinha feito isso. Exceto que as lâmpadas de Swan não duravam muito. Nem as de Tom, no início. Para falar a verdade, você ligava uma e comentava: AH, AGORA CONSIGO ENXERGAR MUITO ME... e ela já tinha se apagado.

Inventores e suas ideias brilhantes

O eletrizante empreendimento de Edison

O incrível diário fonográfico de Thomas Edison
(Patenteado, então nem ouse copiar!)

Segunda-feira, meio tarde

Inacreditável como esse negócio de lâmpada é complicado. Deveria ser fácil: quando passa eletricidade por algo, o troço aquece. Quanto mais eletricidade (ou quanto mais fino o objeto), mais aquece. Se ficar quente demais, começa a ficar vermelho. Para fazer ficar branco, você precisa de algo muito mais quente. Mas — e isso é tão certo como a morte —, quando uma coisa fica quente demais, pega fogo. Eu adoro ver coisas pegando fogo, mas não é o que estou precisando neste momento.

Terça-feira, fim do dia

Tentei tirar o ar da lâmpada, como o Joe Swan fez, e isso impediu que o troço brilhante (o filamento) explodisse em chamas. Mas ele derreteu de qualquer forma...
Eu preciso inventar um filamento que não derrete.

Thomas Edison

Inventores e suas ideias brilhantes

E foi assim que aconteceu.

Todos enlouqueceram com a invenção. Em poucos anos,

---

* Apesar de não haver motivo para Tom passar quarenta horas observando a lâmpada acesa, é o que contam que ele fez...

Thomas Edison

havia lâmpadas nas ruas e nas casas do mundo todo: começando por Nova York, onde a primeira companhia elétrica inaugurou seu negócio em 1882, com 52 clientes. O fornecimento de eletricidade abriu caminho para tudo quanto é tipo de equipamento elétrico, muitos deles inventados pelo próprio Tom. E, caso você esteja sentindo pena do Joseph Swan, fique sabendo que a empresa dele se juntou à de Thomas um pouco depois e logo eles passaram a fazer peças para Guglielmo Marconi. (De certa forma, Thomas Edison se parece um pouco com George Stephenson, pois ambos desenvolveram um grande sistema ao redor das suas criações.)

Como a maioria das novas invenções, a lâmpada deixou muitas pessoas inquietas, então, para evitar acidentes, um bilhete explicativo era anexado ao aparato:

Frankenstein, fantasmas e marcianos

Depois dessa invenção, pode-se dizer que Tom estava ricaço, cheio do dinheiro. Mas isso não o levou a se aposentar — pelo contrário, continuou criando mais e mais...

Tom passou a ajudar muito na criação da indústria cinematográfica também. Como em todas as suas invenções, várias pessoas estavam envolvidas no trabalho, inclusive um cara de nome esquisito, o Eadwaerd Muybridge (que tinha uma barba quase tão impressionante quanto a de Joseph Swan).

Inventores e suas ideias brilhantes

Eadwaerd visitou Tom e lhe mostrou suas imagens em movimento. Ele gostou muito delas e resolveu inventar uma câmera de filme para criar mais imagens em movimento como as de Eadwaerd, além de um equipamento para vê-las. Nessa fase da vida, Thomas podia se dar ao luxo de apenas começar uma invenção e deixar sua equipe de assistentes continuá-la. E eles de fato tentaram construir uma câmera, mas ela não estava dando muito certo, até que Tom ouviu falar de um novo tipo de película de filme, mais flexível, que estava sendo usada em câmeras normais. Ele comprou esse filme, cortou-o em pedacinhos e pediu ao seu assistente William Dickson que desenvolvesse um sistema em que essa tira poderia ser passada pela lente. Foi assim que Tom e sua equipe criaram a primeira câmera cinematográfica da história, batizada de cinematógrafo.

No cinematógrafo, um obturador permite que a luz incida em um pedaço do filme. Então, os produtos químicos do filme reagem à luz e registram uma imagem, como na fotografia. Depois o obturador fecha e o filme anda. Quando o obturador abre de novo, uma segunda imagem é registrada no pedaço seguinte de filme. E assim por diante, gravando uma série de imagens.

Como muitas invenções mecânicas, o cinematógrafo era composto de uma ideia bastante simples, mas exigia uma trabalheira enorme para ser colocado em funcionamento.

Thomas Edison

E eis o motivo da famosa frase de Thomas Edison:

Genialidade é 1% inspiração e 99% transpiração.

Depois de revelados, os filmes podiam ser assistidos com o auxílio de um cinetoscópio, um dispositivo que jogava uma luz por trás da tira de filme que estava rodando dentro da máquina.

Um dos primeiros filmes que Tom gravou mostrava uma pessoa dando um belo de um espirro — desses bem caprichados, que parecem de elefante! Graças ao sucesso do seu experimento, Thomas abriu o primeiro estúdio cinematográfico do mundo, e, mais tarde, sua companhia gravaria a primeira versão de *Frankenstein*. Mas, por um bom tempo, Edison pensou que essa história de "filmes" nunca daria certo.

Inventores e suas ideias brilhantes

Tom continuou inventando coisas fabulosas até o fim de sua vida. Entre suas criações, estavam:
- uma boneca falante;
- uma máquina que se comunicaria com os mortos (mas que ninguém nunca presenciou em atividade);
- um telefone que funciona debaixo d'água;
- uma maneira de fazer plumas e sabugueiros durarem para sempre e limões durarem mais tempo.

Como Arquimedes e Leonardo da Vinci, Tom precisou dar uma força para a guerra — no caso, a Primeira Guerra Mundial. Ele também não era um entusiasta de armamentos, mas ajudou a desenvolver equipamentos como periscópios, lança-chamas e um detector de torpedos.

Muitas invenções de Tom eram versões melhoradas de coisas que já existiam, mas as suas melhorias, porém, faziam toda a diferença e deixavam bem evidente a distância que existia entre uma boa ideia e uma coisa realmente útil. Thomas desenvolveu estações elétricas, refinarias e até fábricas de cimento. Não eram ideias originais, mas funcionavam muito bem.

Como boa parte dos velhinhos, aos oitenta anos Tom passou a gostar de cuidar do jardim. Mas ele não era um jardi-

Thomas Edison

neiro comum: como a borracha tinha se tornado um item supervalioso, até porque carros estavam se popularizando e era necessário ter borracha para produzir os pneus, ele aproveitou a oportunidade da época e resolveu criar uma flor que produzisse borracha, por mais estranho que isso possa parecer. Após examinar mais de 14 mil plantas e testar cruzamentos diversos, ele conseguiu. É isso mesmo, Thomas Edison conseguiu extrair borracha de uma florzinha dourada.

Mas muito antes disso, de tão famoso que ficou, ele já era considerado uma grande estrela, chegando até a virar personagem de livro, como em *A viagem de Edison para Marte*, de Garrett Serviss. O romance, que era uma continuação do clássico *A guerra dos mundos*, de H. G. Wells, mostrava Thomas inventando uma espaçonave que levava vários cientistas a Marte para se vingar dos malditos marcianos que conquistaram a Terra.

Quando Tom faleceu, em 1931, cogitou-se desligar a eletricidade no mundo todo como sinal de luto, mas logo se notou que isso seria impossível, pois pessoas demais dependiam da luz elétrica naquela época. Para você ver como essa invenção foi importante.

THOMAS EDISON: ASSIM FOI SUA VIDA

PRINCIPAIS INVENÇÕES:
- Primeiro toca-discos
- Telefone aperfeiçoado
- Lâmpada elétrica aperfeiçoada

TAMBÉM FICOU FAMOSO POR:
Inventar centenas de outras coisas.

ALEXANDER GRAHAM BELL E SEU TELEFONE IRRITANTE

Alexander Graham Bell inventou o telefone, e isso o deixou muito rico, muito famoso e um tantinho mal-humorado. Na verdade, ele nem gostava muito do telefone, além de achar que o aparelho não seria tão útil quanto o fotofone, que, na visão dele, ia ser *o maior* sucesso dos séculos XX e XXI.

Aleck — esse era o seu apelido — nasceu em 1847, poucos dias depois de Thomas Edison. De certo modo, os dois tiveram trajetórias similares. Ambos foram ótimos inventores, ambos trabalharam com o telefone e o fonógrafo, ambos se tornaram ricos e famosos. E a questão da surdez também foi importante para a vida de ambos: Tom era um pouco surdo e Aleck, cuja mãe era surda, tinha como objetivo ajudar pessoas com problemas de audição. Seu pai dava aula para surdos e se interessava muito pela ciência por trás da fala. Ele até inventou um método, chamado Fala Visível, de transcrever sons e ensinar os surdos a pronunciá-los, e ficou famoso por isso. Mas não tão famoso quanto o filho, é claro.

Aleck é o único inventor deste livro cujo pai também era cientista (exceto Arquimedes, mesmo sabendo que seu pai era um pouco desconfiado com inventores em geral). Apesar de

Alexander Graham Bell

isso ter sido muito importante para ele, o que realmente o colocou nesse caminho foi seu avô. Em 1858, Alexander passou a frequentar uma escola horrível, onde foi obrigado a estudar um montão de latim e grego. (As escolas eram assim naquela época, nada inspiradoras para quem buscava se tornar um inventor genial. Para falar a verdade, a maior parte dos inventores deste livro passou mais tempo estudando línguas mortas do que ciência na escola.)

Quando o Vovô ficou sabendo que Aleck estava se dando mal na escola, convidou-o para ir morar com ele em Londres durante um ano. Vovô Bell era um cientista que estudava a fala, assim como o pai de Alexander, e foi quem apresentou o garoto, então com quinze anos, à ciência. Aleck aproveitou a estadia, mas foi obrigado a amadurecer rapidamente: sem amigos da sua idade na capital, convivia apenas com o avô, que o incentivava a pensar, falar e agir como um adulto.

Quando seu pai apareceu na cidade para buscá-lo, eles foram visitar um cientista chamado Charles Wheatstone, que mostrou a Aleck uma máquina que falava!

Na verdade, a máquina não era tão assustadora assim: se assemelhava mais a uma caixa de brinquedos elétricos, e

Inventores e suas ideias brilhantes

Wheatstone a tinha construído em parte para mostrar como se produzem sons de fala, em parte pela diversão.

Para usá-la, você simplesmente precisava inflar um par de foles, mexer nas alavancas, apertar o ressonador e ela produziria sons como: "Shwiiiiiiiszszhhhh". Ela funcionava assim:

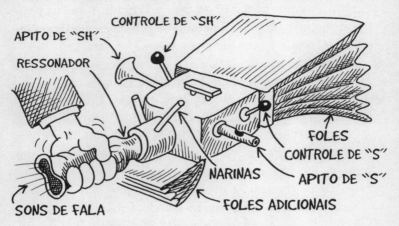

De volta a Edimburgo, o pai de Aleck desafiou o garoto e seu irmão a construir uma máquina falante como aquela, tentando incitar neles o gosto pela ciência. Aleck adorou a ideia e pensou em construir uma cabeça totalmente artificial para a invenção, mas, no final, acabou montando-a com lábios de borracha e bochechas e dentes feitos de um material semelhante ao plástico, tirados de um molde de caveira humana.

Alexander Graham Bell

Com exceção de um aparelhinho esperto para tirar a casca do trigo que ele tinha bolado antes, a máquina falante foi a primeira invenção de Aleck, mesmo que tenha sido uma cópia de outra já existente.

A máquina, por sinal, não era o tipo da coisa com a qual você conseguiria bater um papo, pois, além de ser meio assustadora, ela não falava de fato. Em vez disso, fazia um barulho parecido ao de um bebê chorando — um bebê meio problemático, diga-se de passagem, que conseguiu assustar até o vizinho, que foi correndo ver o que estava acontecendo na casa dos Bell.

Depois de ter criado sua própria invenção, Aleck já podia se considerar um adulto nato, então ele se inscreveu para lecionar em uma escola no norte da Escócia. Seu irmão, Melly, fez o mesmo. Eles não contaram ao pai, mas tiveram de dar seu nome como referência, e o diretor Skinner acabou entrando em contato com ele. Como o pai de Aleck era um sujeito legal, ele disse que o jovem Alexander *poderia* ser um professor de música e elocução, mas só por um ano: depois disso, teria que ir para a faculdade. (Enquanto isso, Melly frequentaria a universidade por um ano, depois poderia seguir a carreira de professor se ainda quisesse.)

Assim, em 1863 Aleck iniciou sua carreira de professor com dezesseis anos, sendo mais jovem que alguns alunos. Gostou do emprego, apesar de ter começado a sofrer de fortes dores de cabeça que o acompanhariam a vida toda. Sua mãe lhe dizia que eram causadas por excesso de picles, que ele deixou de comer.

Como era uma pessoa ligada em ciência, decidiu explorar a

Inventores e suas ideias brilhantes

questão da fala, dedicando suas noites a segurar a própria garganta enquanto mexia a boca de jeitos esquisitos, com o objetivo de investigar como se produziam o som das vogais.

Seu colega de quarto achava aquilo um tanto estranho, mas inventores de verdade não têm medo de parecer esquisitos (espere até você conhecer John Logie Baird).

Aleck fazia experimentos em casa, também...

Aleck não conseguiu construir uma máquina falante de fato, mas foi capaz de forçar seu cachorro a dizer: "Tudo bem, vovó?" (de um jeito meio "rosnante", claro). Todos ficaram impressionadíssimos, menos o cachorro, óbvio — para falar a verdade ele nunca expressou sua opinião a respeito...

Muita gritaria

Em 1870, os dois irmãos de Alexander faleceram. Seus pais acharam que a culpa era do clima e no mesmo ano decidiram enviar Aleck — que não andava lá muito bem de saúde — para o Canadá. Se ele de fato morreria ficando na Escócia, nunca teremos como saber, mas o que importa é que foi tudo ótimo em Ontário. Lá, seu pai conseguiu um emprego como professor para surdos e também aproveitou para visitar Boston, nos Estados Unidos, não tão longe de Ontário, onde havia uma escola para deficientes auditivos. O diretor da escola em

Alexander Graham Bell

Boston pediu ao pai de Alexander que lecionasse o sistema de "fala visível", mas, como ele estava ocupado demais, decidiu mandar o filho no seu lugar. Aleck adorou o trabalho e se deu superbem — tão bem que abriu sua própria escola de fala no ano seguinte. E mais um ano depois lá estava Aleck formado como professor de fisiologia vocal na Universidade de Boston, com apenas 26 anos de idade! Apesar da carreira de professor ter ocupado bastante o tempo de Alexander, ainda sobrava um pouquinho para inventar novidades.

É compreensível que Aleck estivesse tão interessado em criar coisas, e também dá para entender numa boa o motivo pelo qual ele mantinha suas invenções escondidas, trancadas em uma caixa, com medo de que alguém roubasse suas ideias: o mundo estava se modernizando e buscava desesperadamente novas descobertas, e Boston estava forrada de inventores — e até o nosso caro Thomas Edison estava por lá.

Inventores e suas ideias brilhantes

caríssimos ou descobrir um meio de enviar mais de uma mensagem ao mesmo tempo. Um telégrafo múltiplo.
Será que eu conseguiria inventar um?
Hmmm...

O telégrafo harmônico

O telégrafo harmônico (o aparato que depois acabou levando Aleck a bolar o telefone) é baseado na ideia das vibrações harmônicas, também conhecida como ressonância. Nelly Melba, uma cantora de ópera que vai aparecer daqui a dois capítulos, supostamente conseguia romper cálices de vinho cantando bem alto na frequência exata graças ao fenômeno da ressonância. Assim como, se você tocar uma certa nota no piano, um violão  do outro lado da sala vai soar; ou se aumentar o volume da tevê no máximo, vai escutar uma vibração. Tudo isso acontece porque cada objeto tem sua frequência específica na qual ele naturalmente vibrará ("ressonará"). Alexander, portanto, investigava como fazer diapasões ressoarem usando vibrações elétricas nos fios, em vez de vibrações sonoras no ar, para que ele pudesse enviar vários sinais ao mesmo tempo, cada um numa frequência diferente, sendo que cada diapasão responderia apenas ao sinal que tivesse a sua frequência de ressonância.

Era uma boa ideia, mas, infelizmente, Aleck não era um técnico muito competente, e o projeto era bastante complexo, por isso ele não conseguiu avançar. Um tempo depois, tentou trocar os diapasões por tiras de aço, mas também não deu certo.

O diário de laboratório perdido de Aleck

Eu poderia, teoricamente, transmitir a fala com esse tipo de sistema: a fala é composta de várias frequências, então, se eu tivesse várias tiras de metal como receptores, eu poderia capturar a frequência de uma fala e assim criar um telefone.

Como logo veremos, ele não precisava de nada tão complicado assim, e, de qualquer forma, acabou não construindo a tal máquina, porque pensava que seria impossível gerar um sinal elétrico forte o bastante para transmitir a fala.

Alexander tinha uma namorada chamada Mabel, que fora uma de suas alunas. Certo dia, ele foi até a casa do pai da garota. O sogrão se chamava Gardiner Hubbard e era um dos empresários mais ricos de Boston. Aleck impressionou Gardiner cantando bem alto, próximo a um piano, e mostrou as cordas ressoando com sua cantoria; depois explicou que sinais elétricos eram capazes de fazer o mesmo. Como era um empresário, o sogro apenas disse: "E daí?". Foi quando Aleck lhe contou que esse poderia ser o segredo para a construção de um telégrafo harmônico, capaz de enviar mais de um si-

Inventores e suas ideias brilhantes

nal por vez. Empolgado com a história, o sogrão resolveu bancar a pesquisa de Aleck.

Agora que tinha dinheiro no bolso, ele concluiu que tinha chegado a hora de contratar alguém para auxiliá-lo. Além de precisar de um bom técnico, uma segunda pessoa para ajudar a testar os aparatos seria fundamental. Isso porque se você fala "Alôôô"* no telefone, é meio óbvio que vai escutar sua própria voz, mas e a pessoa do outro lado da linha, escutaria? Como fazer para descobrir se o aparelho realmente funcionava? Era preciso colocar alguém a vários quartos de distância para garantir que ele de fato estaria ouvindo a sua voz pelo aparelho e não por proximidade.

Aleck contratou um assistente chamado Watson e eles montaram um laboratório para trabalhar no projeto do te-

---

* Na verdade, quando o telefone passou a ser mais usado e começou a tocar muito no laboratório de Aleck, ele, muito irritado, costumava atender dizendo "oi, oi" em vez de "alô".

Alexander Graham Bell

légrafo harmônico (e de uma máquina horripilante, da qual falaremos depois). Então, em 1875, Aleck acidentalmente inventou metade do telefone...

Eles ainda estavam fazendo experimentos com as tiras de aço, e cada uma delas continuava vibrando com força apenas na sua frequência de ressonância específica. Aleck e Watson continuavam tentando enviar sinais elétricos por um fio para fazer as tiras de aço ressoar, mas elas ficavam presas no fio, e então era necessário soltá-las outra vez.

Certo dia em junho, enquanto não se enviava nenhum sinal elétrico, Watson tentava soltar uma tira presa à ponta de um fio. Aleck estava do outro lado do fio, pensando na vida, quando Watson, irritado, deu uma batida forte na tira de aço — para a surpresa de Aleck, uma tira do outro lado do fio reproduziu o barulho!

Aleck ficou impressionadíssimo e pediu para Watson continuar batendo! Sempre que Watson fazia um "toim", a tira do lado de Aleck também fazia o mesmo barulho! E o mais chocante era que o transmissor elétrico estava desligado! Alexander percebeu que a única explicação para isso era que a tira de aço tinha um resíduo de magnetismo do transmissor elétrico e gerava seu próprio sinal elétrico. Era como

Inventores e suas ideias brilhantes

tocar a tecla de um piano e escutar a corda de um violão vibrando ao mesmo tempo, só que o sinal enviado era elétrico, não sonoro.

E não era só isso. Quando Aleck colocou a orelha próxima à tira de aço, percebeu que uma só nota tinha se tornado um espectro de diversas frequências, e o fato de que as tiras respondiam a várias frequências fazia delas um receptor básico de telefone. Aleck ficou deslumbrado de notar que havia energia o bastante em um movimento do dedão de Watson para gerar um sinal elétrico suficientemente forte para que uma tira de aço respondesse a tantas frequências ao mesmo tempo. Ele descobriu, portanto, que construir um telefone era muito mais fácil do que se imaginava por três razões:

1. Sinais elétricos fortes podem ser gerados e detectados facilmente por tiras vibrantes de aço, desde que haja algum magnetismo nelas.

2. Mesmo considerando que cada tira tenha sua frequência "preferida", ao ser tocada, ela responde tranquilamente a uma série de frequências. Logo, pode funcionar muito bem na transmissão de todas as frequências produzidas pela voz humana.

3. Como a fala é uma mescla de diferentes frequências, todos tendem a pensar que um telefone precisa produzir muitos sinais elétricos, cada um com uma frequência diferente, e que nenhum deles pode se misturar. Isso é bastante complexo, e as pessoas passaram um tempão criando maneiras complicadíssimas de lidar com o problema. Que bobagem! As frequências não *querem* se misturar, nem precisam ser separadas à força. São como as ondas sonoras no

Alexander Graham Bell

ar: elas não precisam ser separadas, pois já fazem isso por conta própria.

O projeto anterior do telefone de Aleck era bastante complicado justamente porque lutava para separar essas frequências em diferentes tiras de aço. E ele achava que os sinais elétricos gerados pelas tiras com o som da voz humana eram fracos demais para chegar ao outro lado da linha. Mas ele estava errado. (Não que Aleck não tenha sido genial — muitas descobertas, como a da evolução, parecem óbvias depois que alguém já as revelou.)

Mas Aleck ainda não tinha construído um telefone — tudo que ele tinha era um receptor, e, para poder bater um papo, também era preciso poder falar, não ficar apenas escutando... De qualquer forma, Aleck e Watson já tinham conseguido gerar sinais elétricos mexendo numa palheta de metal, sem usar uma fonte de eletricidade, e isso já era metade do caminho andado para criar o transmissor. Se bolassem um meio de fazer a voz humana realizar o mesmo trabalho do dedão de Watson, eles conseguiriam inventar o telefone. E assim Aleck passou a trabalhar no transmissor. O resultado a que chegou não se parece muito com os aparelhos de hoje em dia, e também não é tão prático, até porque consiste basicamente de uma caixa cheia de ácido, e funciona assim...

Inventores e suas ideias brilhantes

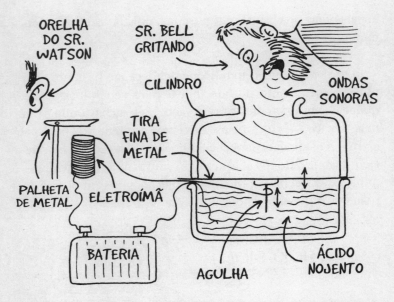

O legal do ácido é que, ao contrário da água, ele transmite eletricidade muito bem: quanto mais a agulha ficava submersa no ácido, ou seja, quanto maior sua área de contato com o ácido, mais eletricidade fluía. Então, a força da corrente dependia de quão submersa estava a agulha. Quando uma placa de metal vibrava em resposta a um grito, a agulha se movia rapidamente para cima e para baixo. A mudança brusca da submersão da agulha gerava uma mudança também na corrente elétrica — e assim o telefone "de ácido" era uma maneira de transformar gritos em correntes elétricas oscilantes.

As correntes, por sua vez, foram usadas para alterar a força de um ímã, que então movia uma palheta de metal. Da mesma forma como as correntes oscilavam com a voz de Aleck, a palheta oscilava também, reproduzindo os sons — de uma maneira meio esquisita, temos de admitir, mas já era um grande avanço...

Alexander Graham Bell

Como não ser um inventor morto de fama

Apesar de Aleck ainda não ter conseguido inventar um telefone que funcionasse, ele acreditava que acertaria algum dia, então, só por segurança, resolveu patentear a sua ideia no dia 14 de fevereiro de 1876. Poucas horas depois, outro inventor, Elisha Gray, apareceu no escritório de patentes para registrar o mesmo invento. Alexander não tinha percebido, mas não era o único que queria fazer ligações telefônicas, e, para falar a verdade, o projeto de Elisha era bastante similar ao de Aleck. Assim, se Elisha tivesse chegado algumas horas antes, estaríamos falando sobre a vida dele, e não da de Alexander Graham Bell. Também teria sido o sr. Gray a ficar rico, pois a patente de Aleck foi provavelmente a mais valiosa da história. O que nos ensina que um inventor sempre precisa considerar sua própria invenção como algo genial.

No dia 10 de março de 1876, Aleck disse, pelo seu telefone de ácido: "Senhor Watson, venha até aqui, preciso falar com você.". O assistente, situado a três quartos de distância, conseguiu escutá-lo. Posteriormente, Watson chegou a afirmar que o motivo da primeira ligação de Aleck teria sido o ácido que ele havia derramado em suas calças, mas não é essa a versão que Bell conta... Além do mais, se você tivesse derramado ácido nas suas calças, não faria uma ligação telefônica. Mais provavelmente, você gritaria:

Inventores e suas ideias brilhantes

Mas esse não é o final da história. Além de ótimos cientistas, os inventores também precisam ser bons vendedores, e o telefone, que era composto por uma caixa cheia de ácido, não seria um objeto muito fácil de vender. No entanto Aleck logo se revelou um talento nato em cima do palco e organizou demonstrações públicas do seu novo invento. Como o aparelho não era muito confiável, e o som não saía muito claro ou alto o bastante, Graham Bell — esperto como só ele — não o usou nas demonstrações! Ele impressionava o público com truques diversos, como uma caixinha que soava como um órgão ou qualquer outra bobagem que pouco dependia da tecnologia revolucionária que ele tinha desenvolvido para o telefone.

Uma das apresentações mais assustadoras que Aleck fez foi para a famosíssima (e superséria) Academia Americana de Ciências e Artes. Mas no fim ele nem precisava ter se preocupado: o pessoal amou Graham Bell e sua invenção a ponto de aplaudir! Foi a primeira vez que aplaudiram alguém em vinte anos (para você ver como as reuniões que eles faziam eram chatas pra chuchu).

O diário de laboratório perdido de Aleck

12 de junho de 1876

A demonstração do telefone agradou os cientistas, porém, o que eu realmente preciso é de publicidade. Estamos em 1876, daqui a um século todo mundo vai

Alexander Graham Bell

querer telefones para carros. Então é melhor eu começar a trabalhar no meu. Hummm... 1876 – 1 século =

1876 – 100 = ~~1767~~ **1776**

É isso mesmo! Neste ano os Estados Unidos completam um século de vida. Vão rolar muitas festas de comemoração, todas elas lotadas de pessoas que eu poderia impressionar! Com certeza vou conseguir vender uns telefones!

25 de junho de 1876

Tive um dia ótimo hoje. Levei meu telefone para uma grande exposição do centenário e convenci o imperador do Brasil a testar o invento.
Ele adorou! O imperador saiu correndo e gritando: "Eu ouvi! Eu ouvi! Ele realmente fala!".
GRITOU ISSO BEM ALTO!
Esse é o tipo de propaganda de que eu preciso!

O telefone, infelizmente, ainda não funcionava tão bem quanto essa publicidade toda, então Watson e Aleck trabalharam no seu aprimoramento. Eles desmontaram o aparato e pensaram o que poderiam melhorar em cada parte dele. Bell cogitou usar uma placa de aço de seis milímetros de espes-

Inventores e suas ideias brilhantes

sura e sessenta centímetros quadrados de superfície como alto-falante do telefone, mas, para a sorte de todos nós, Aleck pensou mais sobre o assunto e concluiu que era melhor largar a ideia.

Mas que o telefone precisava de melhorias, precisava...

O GRITO DO MOMENTO
1876
NÃO NOS TELEFONE, SR. BELL

Telefones. Que ideia fabulosa... ou não! É um belo adorno para decorar a casa e também pode ser usado para as crianças brincarem de adivinhar quem está do outro lado da linha. Além disso, é uma bela maneira de gastar o dinheiro que pode estar sobrando... Mas, como forma de comunicação, nem pensar!

E convenhamos que, mesmo se os telefones funcionassem, eles continuariam sendo sinistros: vozes sem corpo viajando por fios. Nossos cérebros conseguiriam lidar com essa transmissão de mensagens tão bizarra? E os telefones não nos deixariam preguiçosos? Nós nunca caminharíamos pelas ruas de novo.

Sr. Bell: Cientista louco

Alexander Graham Bell

Um repórter disse que uma pessoa falando pelo telefone soava como "alguém sendo sufocado a um quilômetro de distância", ou como "uma pessoa de boca cheia com a cabeça dentro de um barril".  Um psiquiatra disse que telefones poderiam deixar os indivíduos loucos, e falou que pessoas nervosas não deveriam sequer pensar em usar o aparelho. Alguns religiosos chamaram os telefones de "dispositivos de Satã", porque transformariam todos nós em preguiçosos.

Aleck demonstrou o funcionamento do telefone de todas as maneiras e em todos os lugares, até mesmo debaixo d'água...

Ele também foi à Inglaterra mostrar seu invento à rainha Vitória. Felizmente, naquela época, Aleck já tinha conseguido criar um receptor que não precisava de ácido, então não houve incidentes diplomáticos. (Mas foi por pouco! Aleck tinha o hábito de tocar na mão das pessoas surdas para chamar a atenção delas, e, por acidente, acabou tocando na mão

Inventores e suas ideias brilhantes

da rainha! Tocar no corpo sagrado da rainha era a coisa mais desrespeitosa do mundo. Por sorte, ela conseguiu se controlar e não jogou o pobre Aleck do alto da Torre de Londres.)

> *De fato, senhor Bell, se me permite falar abertamente, posso garantir que estou bastante impressionada com o seu incrível... ã... aparato telefônico.*

Aleck logo retornou aos Estados Unidos.

Apesar de ter continuado aperfeiçoando o telefone, foi Thomas Edison quem surgiu com uma invenção que realmente consertou o sistema que havia criado (ver página 97), e, cedo ou tarde, o modelo de Edison superou o de Aleck. Nessa época, porém, Aleck já tinha criado a Bell Company, na qual atuava como diretor. A empresa se tornou uma das mais ricas do mundo e, depois de mudar o nome para AT&T, acabou virando operadora de mais de 100 milhões de telefones (além de ter sido a principal rival das empresas de Guglielmo Marconi e de John Logie Baird).

Mas Aleck não ficou só curtindo a fama: mais de seiscentas pessoas construíram telefones usando as ideias dele sem pedir permissão, e seiscentas vezes Aleck precisou defender os seus direitos no tribunal. Alexander dava discursos detalhadíssimos, e uma vez até chegou a falar por sete horas. Quando os advogados lhe perguntaram se ele queria dar uma pausa para o almoço, ele apenas respondeu: "eu não almoço". E continuou falando.

Alexander Graham Bell

Vendo com os ouvidos, ouvindo com os olhos

A Bell Company foi um sucesso incrível, e o preço das ações da empresa não parava de subir. Como Alexander tinha muitas ações, ele logo se tornou podre de rico, a ponto de poder se aposentar e passar o tempo livre ajudando surdos. E foi justamente isso o que ele fez. Ele nunca gostou muito de cuidar do lado administrativo de sua empresa, especialmente a parte que envolvia discursar no tribunal, e, além disso, estava um tanto cansado da história do telefone: Aleck tinha passado quase toda a vida mexendo no aparato e não queria ficar conhecido por só ter inventado o telefone e nada mais.

É por essa razão que "aposentadoria" não significou para Graham Bell "parar de inventar". Inventores nunca param de inventar. Como ele mesmo disse:

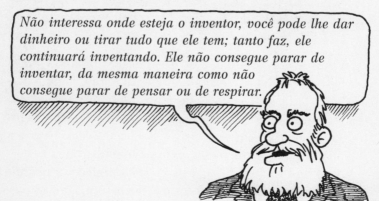

Inventores e suas ideias brilhantes

A orelha sem corpo de Aleck

Alexander inventou várias outras coisas, como um equipamento muito útil que, quando era balançado no ar, berrava: "Socorro! Socorro!", e um pião que gritava caso você batesse nele com um lápis. Para a surpresa de todos, nenhum desses inventos foi um sucesso. Aleck também criou uma coisa chamada "fonautógrafo de orelha". Era um aparelho feito com ferro, um pouco de feno e a orelha de um morto — com pelos, cera e tudo, cobertos com um óleo esquisito que deixava a orelha bonita e fofinha.

Ele montou a maluquice assim:

A pessoa gritava no funil do aparelho, o tímpano vibrava em resposta ao berro, como qualquer tímpano de uma pessoa viva faria, e o pedaço de feno também vibrava, formando um padrão sobre o vidro fumê. Aleck tinha transformado seu grito em algo visível! (Mais tarde, ele trocou a orelha por pedaços de metal, para o alívio de todos.)

Outra invenção de Aleck, que na sua opinião era melhor até do que o telefone, era o fotofone. Ele permitia que as pes-

Alexander Graham Bell

soas telefonassem umas para as outras sem usar fios. Funcionava da seguinte forma:

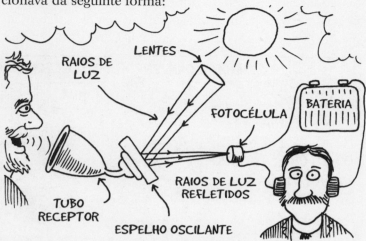

O fotofone só funcionava se você estivesse vendo a pessoa com quem desejava falar e se não estivesse chovendo ou nublado, mas mesmo assim, o seu alcance era de apenas duzentos metros. O invento até poderia ter sido um sucesso, se não fosse por Guglielmo Marconi, que você conhecerá no próximo capítulo. Uma das consequências dessa invenção foi ter incentivado todo mundo a estudar como se poderia construir uma televisão, e, como Bell manteve em segredo todos os detalhes do projeto por um bom tempo, as pessoas achavam que ele tinha inventado a tevê!

Inventores e suas ideias brilhantes

Por mais que Aleck quisesse ficar conhecido por outras coisas, todos associavam o seu nome à criação do telefone. As pessoas o reconheciam na rua, onde quer que ele estivesse, até mesmo dentro de um trem no estado da Carolina do Norte...

Como não se deve voar

Em 1881, Aleck deu o troco: foi a vez dele de melhorar uma invenção de Thomas Edison, criando a versão do fonógrafo que realmente se popularizou. Tom inventara o tocador de discos em 1877, mas não voltou a trabalhar no invento desde então. O aparelho era bastante usado, mas o problema dele é que as gravações eram feitas em alumínio, e esse material logo se desgastava e tinha que ser jogado fora — foi assim até o ano de 1881, quando Aleck criou o cilindro de cera. A versão de Bell era muito melhor: durava mais e oferecia uma qualidade sonora superior. O cilindro de cera tornou-se o método padrão até 1887, quando os discos planos foram inventados.

Alexander também inventou outras coisas que tiveram algum sucesso de público, como uma espécie de detector de metal para tentar localizar uma bala no corpo do presidente James Garfield, que tinha sido alvejado por um assassino.

Alexander Graham Bell

Infelizmente, o aparelho de Aleck não funcionou, talvez porque a bala tivesse entrado muito profundamente no corpo, e Garfield faleceu. (Para falar a verdade, ele não morreu por causa da bala, mas sim porque os médicos não lavaram as mãos antes de tentar arrancar a bala com os dedos.) No entanto, a técnica de detecção de bala de Aleck funcionou em outros pacientes que tiveram um pouco mais de sorte do que Garfield.

Nem todas as invenções de Aleck tinham a ver com ondas sonoras. Por anos a fio, ele estudou máquinas voadoras e, em 1891, ficou especialmente interessado nelas, após conhecer Samuel Langley, que estava obcecado por construir uma (ele aparecerá no próximo capítulo). Aleck inventou tudo quanto é tipo de máquina voadora experimental, mas elas foram tão eficazes como as de Leonardo da Vinci, apesar de que na época de Aleck já havia fontes de energia mais práticas. Chegou a testar várias máquinas, como helicópteros movidos a vapor e aviões e foguetes de mola, e também fez experimentos com pipas. O inventor ficou tão louco pelas pipas que uma vez construiu uma enorme, em formato de caixa, com 4,4 metros de comprimento, 3,2 metros de largura e 1,6 metro de altura.

Infelizmente, seu fascínio por pipas o arrastou na direção errada: sabendo que elas voam com mais facilidade se estão lentas e estáveis, ele concluiu que os aviões ideais também precisavam ser muito lentos. O melhor avião que Aleck foi capaz de imaginar era parecido com a nave *Enterprise*, do *Jornada nas estrelas*: seria capaz de flutuar pelo ar, sem se mover, mas nunca pousaria de fato...

Ainda que os aviões de Aleck não funcionassem e estivessem destinados ao fracasso, seus telefones se tornaram um fenômeno. Em 1885, já havia quase 70 mil aparelhos pelo mundo e, 25 anos depois, mais do que cem vezes esse número.

O GRITO DO MOMENTO
VALEU, SR. BELL!

1910

Telefones! Que ideia fantástica! Um ótimo presente de natal. As crianças se divertem muito com eles! São uma maneira prática de conversar com os amigos e de economizar um dinheirinho. Como meio de comunicação, são geniais! Não é incrível? Vozes sem corpo viajando por cabos! Nossos cérebros nunca receberam mensagens de forma tão direta! E eles nos deixam mais eficientes no trabalho, nunca mais precisaremos sair do escritório para falar com alguém. Viva! Palmas para os telefones e para o sr. Bell!

Sr. Bell: Gênio

Em 1915, Aleck fez outro telefonema histórico, de novo para o seu assistente Watson, mas dessa vez utilizando a pri-

Alexander Graham Bell

meira linha transcontinental, que ligava Nova York a São Francisco. Aleck, brincalhão, repetiu a frase que o deixou famoso: "Watson, venha até aqui, preciso falar com você". O assistente não deixou por menos e respondeu: "Mas, senhor, agora demorariam semanas para eu chegar até aí!".

Aleck nunca instalou um telefone no seu gabinete porque atrapalharia demais o seu trabalho — de modo geral, ele gostava mais dos telefones quando não estavam tocando, mas, desde sua popularização, nunca mais pararam de tocar. Exceto uma vez, em 1922, quando todos os aparelhos nos Estados Unidos ficaram em silêncio por um minuto, para marcar o luto pela morte de Alexander.

ALEXANDER GRAHAM BELL: ASSIM FOI SUA VIDA

PRINCIPAIS INVENÇÕES:
- Telefone
- Gravação sonora em cilindro de cera
- Detector de balas

TAMBÉM FICOU FAMOSO POR:
Gastar muito tempo e dinheiro ajudando surdos.

OS IRMÃOS WRIGHT E SUAS MÁQUINAS VOADORAS

Voar sempre foi um dos maiores desejos dos seres humanos. Através dos séculos, muitos tentaram realizar esse sonho, inclusive a maioria dos inventores que aparece neste livro. A culpa é dos pássaros, que dão a impressão de que voar é a coisa mais legal do mundo e com isso acabaram causando um problemão para os inventores, porque, de tão bem que eles voam, por muito tempo todos acharam que existia uma única maneira de voar: balançando os braços feito um louco.

Assim, por muitos séculos as pessoas tentaram se transformar em pássaros anexando asas aos braços, às vezes até feitas com plumas. Cedo ou tarde, porém, os cientistas mostraram que isso não tinha cabimento: as pessoas eram pesadas demais (e frágeis demais). Mesmo assim não conseguiram impedi-las de se vestir de pássaro e saltar de prédios altos, apenas para confirmar que eles estavam certos.

Os irmãos Wright

E os cientistas sempre estavam certos, claro.

Isso sempre foi um problema na história das invenções: as pessoas são muito competentes para imitar a natureza; o difícil é bolar algo completamente novo, como o relógio mecânico, a roda ou uma máquina voadora que não precise de asas em movimento.

Depois de vários séculos, as pessoas finalmente se convenceram de que bater asas era coisa de pássaro e não funcionava com humanos, então passaram a testar novos métodos. Listaram cinco coisas que uma máquina voadora deveria ser capaz de realizar:

O primeiro objetivo nunca foi um desafio — já no ano de 1020 d.C., ou até mesmo antes disso, algumas pessoas aceitaram se jogar do alto de igrejas e morros para contribuir com os estudos da aeronáutica. Mas o segundo era mais

Inventores e suas ideias brilhantes

complicado, pois ficar no ar por apenas 2,5 segundos não seria o bastante.

Esse objetivo foi finalmente alcançado em 1783, por um pato, um frango e... uma ovelha.

Eles foram os primeiros passageiros do balão de ar quente! E os seres humanos se arriscaram a viajar da mesma maneira logo depois. O funcionamento desse tipo de balão é simples: quando você aquece o ar, as moléculas que o compõem se movem mais rapidamente, batem umas nas outras com mais violência e, portanto, se afastam mais. Ou seja, quanto mais quente for o metro cúbico de ar, menor o número de moléculas naquela área, e o resultado é que o ar fica mais leve e sobe. Mas, por mais divertido que seja lançar um balão no ar, há grandes chances de ele pegar fogo!

E, apesar de serem realmente bacanas, não resolviam o terceiro objetivo: você nunca sabia aonde iria parar quando partia em uma viagem de balão.

Os irmãos Wright

Isso até o ano de 1852, quando Henri Giffard usou um motor a vapor para movimentar um balão. Por um tempo, todos acharam que uma aeronave desse tipo seria a solução, mas elas tinham muito risco de pegar fogo, além de serem enormes, desajeitadas, lentas e não suportarem vento forte. Voar com uma delas era tão estranho quanto nadar abraçado a uma boia. Enquanto isso, as pessoas continuavam saltando de lugares altos com asas presas nos braços. A partir de 1840, porém, os malucos passaram a levar a ciência mais a sério nos seus saltos, e muitos conseguiram planar por um tempo no ar — ou, no caso de George Cayley, conseguiram convencer empregados e criancinhas a fazer isso por eles...

O mais bem-sucedido desses pilotos-planadores foi um tal de Otto Lilienthal, que construiu uma espécie de asa-delta por volta de 1890. Foram as suas descobertas, as de George Cayley e as de Samuel Langley que inspiraram Wilbur e Orville Wright, irmãos nascidos em Indiana em 1867 e 1871, respectivamente.

O jeito Wright de fazer as coisas

Wilbur e Orville eram extremamente inteligentes, muito aplicados e superbarulhentos. Por sorte, recebiam todo o apoio dos pais (exceto quanto ao fato de serem barulhentos). A mãe deles gostava de criar e inventar coisas, e o pai dava aos filhotes brinquedos educacionais, como um giroscópio, que eles desmontaram para ver como funcionava (eles quase

Inventores e suas ideias brilhantes

sempre faziam isso, e muitas vezes até conseguiam montar o objeto de novo). O pai deles também os incentivou a aprender a ganhar dinheiro, então logo se tornaram pequenos empresários, como Thomas Edison: agenciavam passeios em vagões arrastados por cabras e colecionavam ossos para vender (as pessoas faziam fertilizante a partir dos ossos). Às vezes, chegavam a roubar ossos da boca dos cachorros! Mas o problema é que, além de estarem malcheirosos, em geral os ossos eram logo recuperados por seus donos...

Com projetos desse tipo, Wilbur e Orville aprenderam sobre a importância da publicidade, mesmo em se tratando apenas de ganhar uns trocos dos vizinhos, e também descobriram que não havia nada de errado em exagerar um pouco na propaganda. Quando montaram um circo com um amigo, por exemplo, o anúncio era assim:

Se eles fossem completamente sinceros, o cartaz seria assim:

Os irmãos Wright

Eles enviaram o anúncio para o jornal sem ter dinheiro para pagar por ele, mas o jornal imprimiu do mesmo jeito, só que na seção de notícias. O circo foi um sucesso, apesar da falta de realismo na cena em que o lobo atacava a Chapeuzinho Vermelho.

Os Wright também construíram e venderam pernas de pau e deram início a uma febre do brinquedo na cidade. Uma vez, até usaram suas próprias pernas de pau para resgatar o dinheiro de uma velhinha que tinha sido arrastada para fora de casa por causa de uma enchente. Um homem que disse ser policial tentou tirar o dinheiro dos Wright, mas, quando ele se recusou a mostrar o distintivo, a briga começou. Foi quando chegou a polícia de verdade, que prendeu o homem e salvou os irmãos Wright. Parecia cena de filme!

Os Wright também gostavam de inventar coisas (uma característica muito comum entre inventores!). Wilbur, quando ainda era só um garoto, criou uma máquina de dobrar papel e, mais tarde, bolou uma nova espécie de ratoeira. Eles também trabalharam em um mecanismo que, automaticamente, tirava e colocava sapatos, mas esse nunca saiu do papel.

Assim como aconteceu com George Stephenson, logo ficaram obsessivos pela ideia de voar. Parecia muito fácil: se um helicóptero de brinquedo era capaz de voar, por que não fazer uma versão maior dele? Aleck tinha tido uma ideia parecida a respeito das pipas — por que não aumentá-la até ser capaz de carregar alguém? Os Wright tentaram aumentar o helicóptero de brinquedo e ele sempre caía e quebrava. Vamos entender por quê...

Más notícias para o Dumbo

Asas nos fazem voar, enquanto o peso é responsável por nos deixar no solo. Se um pássaro tem asas de cinquenta centímetros de comprimento e vinte centímetros de largura, então a área de cada asa será de 50 x 20 = 1.000 cm². Se dobrarmos o tamanho do pássaro, sua asa aumentará quatro vezes a área, e também a força de decolagem do solo.

Isso tudo parece muito promissor, mas o que acontece com o peso do pássaro? Esse fator depende do seu volume, e quanto o seu volume aumenta? Se o corpo do pássaro tiver quarenta centímetros de comprimento, dez centímetros de largura e dez centímetros de altura, seu volume será de 40 x 10 x 10 = 4.000 cm³. O dobro desse tamanho seria 80 x 20 x 20 = 32.000 cm³, e então o seu volume e, portanto, o seu peso, teria aumentado oito vezes. Ou seja: se dobrarmos o tamanho do bicho, mesmo que suas asas fiquem quatro vezes mais fortes, o pássaro precisará levantar um peso oito vezes maior...

É por isso que avestruzes e elefantes não conseguem voar, e pela mesma razão não existem aviões do tamanho de uma cidade.*

* O maior avião da história, o *Spruce Goose*, tinha uma envergadura das asas de 97,5 metros e 66,5 metros de comprimento. Só voou uma vez, em 1947.

Os irmãos Wright

Essa importante lei da natureza não preocupou os Wright, afinal, eles não sabiam da sua existência.

Qualquer um que pretenda inventar uma máquina voadora precisa saber tudo de engenharia — e, por sorte, os irmãos Wright eram feras nisso! Eles até abriram sua própria loja de bicicletas, onde montavam, consertavam e vendiam magrelas de todos os tipos. Outra coisa que um inventor precisa saber é como fazer uma boa propaganda de si mesmo, e os Wright souberam: imprimiam e publicavam jornais por conta própria durante um tempo. A terceira coisa que um inventor precisa ter é um bom treinamento científico, mas, assim como James Watt, George Stephenson e Thomas Edison, os Wright não iam muito bem na escola... Bom, não dá para ter tudo!

Apesar dos irmãos Wright sempre terem se interessado pela possibilidade de voar, o que realmente os deixou empolgados foi ler sobre Otto Lilienthal e Samuel Langley. Wilbur escreveu uma carta a Samuel em 1897, e outra ao Departamento de Meteorologia perguntando qual seria um lugar adequado para voar. O Departamento respondeu que o melhor local se chamava Kitty Hawk e ficava no estado da Carolina do Norte.

Para cima, para cima e... ops!

Otto Lilienthal tinha realmente dominado a técnica da asa-delta, até sua trágica morte, em 1899, quando estatelou no chão por não conseguir cumprir o quarto objetivo. Essa história de controlar a direção do voo era um problema complicadíssimo mesmo: muitas pessoas tentaram usar diversos tipos de leme, mas nenhum deu certo.

Assim como James Watt, os irmãos Wright também não incluíram nada de novo no projeto, mas eles conseguiram inventar uma coisinha crucial que mudava tudo. Para James

Watt, foi o condensador separado; no caso dos Wright, tudo começou com uma caixa de papelão. Certo dia, em 1899, Wilbur pegou uma caixa comprida na loja de bicicletas, de cinco centímetros quadrados por quinze centímetros de comprimento (a caixa era usada para guardar um pneu de bicicleta). Depois de mexericar um pouco nela, descobriu que dava para entortar a caixa sem danificá-la depois de rasgar as suas pontas. Após refletir um pouco mais sobre o assunto, primeiro ele montou um modelo usando bambu e, depois, construiu uma pipa torcida de 1,5 metro de comprimento.

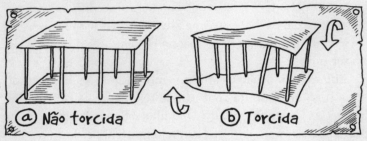

Foi assim que os irmãos Wright resolveram o quarto objetivo: um biplano com asas maleáveis seria muito mais fácil de pilotar. Curvando a parte de trás da asa da direita para cima e a parte de trás da asa da esquerda para baixo, a asa da direita cai, a da esquerda sobe e o avião dobra para a direita.

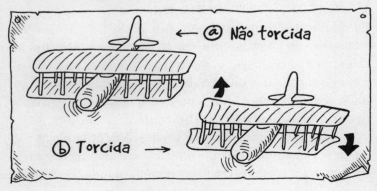

Os irmãos Wright

Este livro não é daquele tipo que ensina você a montar um rádiotelescópio a partir de uma frigideira e de um punhado de fósforos, mas ele tem, sim, duas sugestões de experimentos práticos. Esta é uma delas:
- Faça um aviãozinho de papel. Monte um bem largo, para que ele voe lenta e tranquilamente e para que você entenda o que está acontecendo.

- Torça a parte de trás da asa da direita para cima e a parte de trás da asa da esquerda para baixo:

- Arremesse o avião.

E você vai perceber que...
- a asa da direita cai, a da esquerda sobe, e o avião se curva para a direita, como previram os irmãos Wright.
- o avião se estatela no chão, coisa que os irmãos Wright torciam para que não ocorresse.

No ano seguinte, eles testaram um planador de cinco metros em Kitty Hawk, com asas que se curvavam quando eles puxavam cordas ligadas a elas, mas o invento caiu e ficou em pedacinhos. O que você imagina que os Wright fizeram depois desse fracasso? Tentaram uma nova técnica?

Inventores e suas ideias brilhantes

Desistiram? Que nada! Eles reconstruíram o planador e tentaram outra vez.

O primeiro objetivo foi alcançado quando eles deixaram o planador descer uma rampa (que tinha o simpático nome de morro dos Mata-Demônios) e depois pularam, se jogando no ar, como um esquiador que dá um salto. Ainda que fosse tão desconfortável quanto voar com um guarda-roupa, o planador até que funcionou, e então, pelos próximos anos, os irmãos Wright trabalharam a fundo na tentativa de aperfeiçoá-lo. Eles fizeram outros inúmeros testes para decidir detalhes como o local onde deveria ficar o piloto.

Em uma dessas séries de experimentos, no ano de 1901, Wilbur pegou um modelo maior do planador e fez nove tentativas até descobrir o local exato onde o piloto deveria ficar. Assim ele finalmente conseguiu planar por noventa metros!

Os irmãos Wright

Não, mas agora eles já eram tão bons quanto outros malucos das máquinas voadoras, como Otto Lilienthal, que voava praticamente as mesmas distâncias. Porém, por mais que as asas torcidas e os lemes do planador tenham permitido que eles mantivessem a direção, os Wright ainda não conseguiam fazer curvas. Todos os seus voos tinham sido mais ou menos em linha reta, e eles ainda não tinham se arriscado a resolver o segundo objetivo, ou seja, ainda não tinham tentado usar uma fonte de energia para manter o planador voando. Era hora de tornarem-se cientistas de verdade!

Primeiro, eles precisavam criar perfis de asas melhores. Isso não parecia tão difícil, pois Otto já tinha publicado muitos artigos sobre "como construir a asa perfeita". Mas, quando os Wright foram montar uma asa a partir das receitas de Otto, descobriram que os dados estavam todos errados — assim como os de todos os outros cientistas! Portanto, os irmãos Wright precisavam aprofundar ainda *mais* seus conhecimentos científicos, e por isso construíram um túnel de vento para testar os diferentes tipos de asa.

Por que os perfis das asas eram tão importantes? Bem, porque são os responsáveis por tirar o avião do solo, transformando o movimento em força de decolagem. Mas, para entender isso melhor, vamos relembrar uns conceitos básicos...

Apesar de não percebermos, o ar nos empurra para baixo o tempo todo, com uma força de um quilo por centímetro quadrado. A gente não sente porque a mesma pressão também existe no nosso corpo, que empurra o ar de volta. É a mesma

Inventores e suas ideias brilhantes

coisa com um balão: o ar de fora o pressiona com uma força de muitos quilogramas, mas o ar de dentro o empurra com a mesma força. É por isso que, se você levar o balão para o espaço sideral, onde não existe ar, a força do ar de dentro do balão o fará estourar (e vai acontecer algo igualmente horrível com você, caso não use um uniforme pressurizado).

Os aviões conseguem voar porque a pressão do ar acima deles é removida, de forma que a pressão que vem de baixo fica maior e o avião levanta. Eis o segundo experimento prático do livro para provar que isso tudo é verdade:

- Recorte uma tira de papel de vinte centímetros de comprimento e cinco centímetros de largura. Segure a tira com uma ponta na frente da sua boca, desse jeito:

- Você vai se surpreender com o que acontece quando assopra por cima da tira...

Acabamos de demonstrar o grande segredo do voo.

Os irmãos Wright

Por isso que os aviões têm asas com os seguintes perfis:

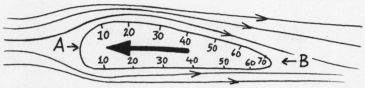

Imagine uma asa movendo-se pelo ar. Como o topo dela é mais comprido que a parte de baixo (cerca de 73 centímetros, comparado com os 66 centímetros da parte de baixo), o ar que flui de A até B pela parte de cima tem de percorrer uma distância maior do que o que flui por baixo. Ou seja, o ar que flui por cima precisa ser mais rápido que o de baixo.

Isso significa que o ar acima da asa a pressiona menos que o ar que passa por baixo: dessa forma, a asa e o avião, consequentemente, são empurrados para cima. E, quanto mais rápido ele voa, maior é esse empurrão.

Aviões fortes

Em 1902, os Wright realizaram cerca de mil voos com o seu planador, testando os novos perfis de asa. Ao final, no entanto...

Mas isso não importa. Nessa época, eles estavam contentes com as soluções que tinham encontrado para os objetivos todos, com exceção do segundo: manter o avião no ar. Tinha chegado a hora de construir um motor. Quando atingiram esse ponto, os outros inventores já tinham desistido, ou se con-

Inventores e suas ideias brilhantes

tentado apenas em planar, ou tentado usar motores a vapor. No entanto, em 1902, motores movidos a petróleo estavam sendo testados em carros e motocicletas. Por sorte, o auxiliar da loja de bicicletas, Charlie Taylor, era um grande engenheiro e construiu um motor leve de petróleo com base em um projeto de Wilbur.

Mas ainda tinha uma coisa que eles precisavam resolver para matar a charada do segundo objetivo: necessitavam de algo que convertesse a força do motor em movimento para a frente. Um propulsor, ou talvez dois. Muitos outros já tinham escrito artigos detalhando como montar esse tipo de coisa, mas, assim como os guias de perfis de asa, estavam todos errados. Então eles passaram um tempão desenvolvendo um novo sistema.

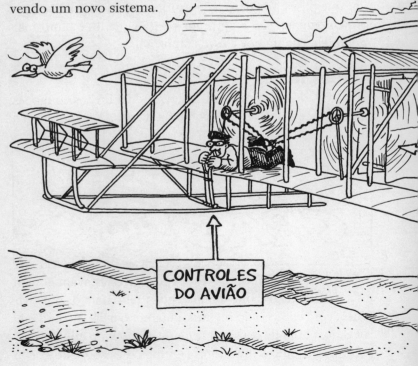

CONTROLES DO AVIÃO

Os irmãos Wright

Finalmente, em 1903, a máquina estava pronta. Bem, para ser sincero, não estava, mas os irmãos Wright tinham ouvido falar que Samuel Langley estava se dando muito bem com seus experimentos na área, e pensaram que seria melhor dar uma apressada no processo e conquistar o ar antes que fosse tarde demais. Não foi fácil: a primeira coisa que aconteceu foi que os propulsores desabaram, mas, após muito tentar, falhar e xingar a máquina, os irmãos Wright conseguiram ajeitá-los. Três dias depois de uma tentativa frustrada em 14 de dezembro de 1903, Wilbur se lançou ao ar em um avião que carregava o esperançoso título de *Voador*. Ele tinha asas curvas com perfis perfeitos, propulsores adequados, um motor potente, um par de esquis e... ele voou!

Inventores e suas ideias brilhantes

Ele realmente voou. O motor a petróleo colocou os propulsores em movimento, os propulsores rasgaram o ar e empurraram o avião para frente. Arquimedes e Leonardo da Vinci teriam amado: belas asas perfiladas transformando o movimento em força para a decolagem, cabos ligados às asas permitindo que Wilbur as controlasse e, por consequência, controlasse seu voo. Era genial.

Bem, só durou isso, mas não importa. Depois desse primeiro voo, foi a vez de Orville tentar, e ele conseguiu permanecer no ar por doze segundos. Eles passaram o dia voando como pássaros, um de cada vez.

O final foi um tanto triste: bateu uma brisa forte e o avião se estatelou no chão. Mas o ar tinha sido oficialmente *dominado*, como noticiou um jornal:

> **MÁQUINA VOADORA PERCORRE 5 KM, VOANDO ALTO SOBRE OS MORROS E AS ONDAS DE KITTY HAWK, NA COSTA DA CAROLINA DO NORTE.**

Os irmãos Wright

Exceto pela parte sobre os cinco quilômetros e as ondas, a manchete estava certa. O jornal também disse que Wilbur gritou "Eureca!", como o velho alquimista Arquimedes, mas ele não tinha feito isso, assim como Arquimedes (que não era um alquimista), dois mil anos antes, também não.

Desse momento em diante, nada seguraria os irmãos Wright: no ano seguinte, inventaram o *Voador II*, que tinha um sistema mais inteligente de decolagem: um peso ligado a uma corda era solto por uma roldana. Foi o primeiro avião dos irmãos Wright capaz de voar em círculos, e um relato muito preciso desse voo se encontra no prestigioso jornal *Novidades no Mundo da Apicultura* [*Gleanings in bee culture*]. O editor desse periódico sobre abelhas, Amos Root, tinha ouvido falar nos irmãos Wright e viajou 280 quilômetros para conhecer a dupla.

No ano seguinte, em 1905, os Wright bolaram o *Voador III*, que conseguia ficar no ar por mais de meia hora, além de voar em espiral e desenhar círculos e o número oito no céu.

Inventores e suas ideias brilhantes

Logo em seguida, os irmãos Wright escreveram uma carta para a Secretaria de Defesa dos Estados Unidos oferecendo a venda de um avião. Como o secretário de Defesa provavelmente não lia o jornal *Novidades no Mundo da Apicultura*, ele não fazia ideia de que alguém já havia conquistado o ar, então ficou surpreso com a proposta — tão surpreso que recusou.

Assim, em 1907, os irmãos Wright foram até a Europa para tentar vender o avião deles. Lá, encontraram um oficial do exército americano, que arranjou um encontro entre Wilbur e alguma figura importante do exército. Não deu outra: ele encomendou um avião capaz de transportar dois indivíduos a 65 quilômetros por hora. Em 1909, eles entregaram o tal avião ao exército e, nesse mesmo ano, Wilbur demonstrou a sua máquina voadora para um público de mais de 1 milhão de espectadores. Logo depois, ele voou sobre o rio Hudson e ao redor da Estátua da Liberdade.

Os irmãos Wright

Um ano depois, os irmãos realizaram o seu único voo conjunto, levando também o velho pai, que contava 82 anos, para dar uma voltinha no ar. Ele ficou profundamente emocionado, e não gritou em nenhum momento.

Infelizmente, Wilbur morreu de febre tifoide em 1912. Orville, no entanto, viveu o bastante para ver os aviões que ele ajudou a inventar se popularizarem e até andarem mais rápido que o som.

WILBUR & ORVILLE WRIGHT: ASSIM FORAM SUAS VIDAS

PRINCIPAIS INVENÇÕES:
- Voo controlável pela curvatura das asas
- Primeira máquina voadora mais pesada que o ar e que funcionava
- Propulsores e perfis de asa desenvolvidos com bases científicas

TAMBÉM FICARAM FAMOSOS POR:
Se tornarem heróis americanos.

GUGLIELMO MARCONI E SUAS TRANSMISSÕES DA LETRA "S"

O inventor, que logo se tornaria um Morto de Fama, conferiu pela última vez as conexões elétricas, respirou fundo e ligou o interruptor. Uma faísca saltou do espaço entre os condutores. Do outro lado da sala, brilhou uma faísca idêntica, sem nenhuma ligação direta com a outra. O rádio tinha sido inventado. Fabuloso, não?

Não, este é o Heinrich Hertz. Ele é o responsável pela primeira transmissão de rádio, em 1887. Marconi tinha apenas treze anos nessa época.

Guglielmo Marconi

Bem, o experimento de Hertz era fantástico, mas, como ele não avançou na pesquisa, com a máquina dele só era possível mandar um sinal de rádio para outra pessoa que estivesse na mesma sala. Era bacana, mas não servia para muita coisa.

Apesar do pessimismo de Thomas Edison, Guglielmo Marconi fez pelo rádio o mesmo que James Watt fez pelos motores a vapor: ele pegou uma ideia genial que não tinha utilidade prática e a transformou em algo que milhões de pessoas poderiam usar.

A mamãe de Marconi

Guglielmo nasceu em 1874, na cidade de Bolonha, na Itália. Assim como James Watt, Thomas Edison, Alexander Graham Bell e os irmãos Wright, ele não gostava de ir à escola, e também não tirava notas muito boas. Guglielmo adorava, no entanto, ouvir histórias sobre cientistas, e desde pequeno decidiu que se tornaria um quando crescesse. Seu cientista favorito era Benjamin Franklin, que tinha mostrado que o raio das tempestades era uma forma de eletricidade.

Inventores e suas ideias brilhantes

Infelizmente, quando tentou copiar um dos experimentos de Benjamin, acabou quebrando boa parte da louça da casa, e, apesar de sua família ser rica e ter dinheiro para comprar muitas peças novas, o pai de Guglielmo ficou furioso. Ele achava que os experimentos do filho eram uma perda de tempo — e um desperdício de pratos! Por sorte, a sua mãe pensava o contrário: para ela, seu filhote era genial.

Outro experimento que Guglielmo tentou imitar teve um resultado melhor: ele e um amigo ligaram um prego de metal a um sino, que soava quando caía um raio, mas eles não faziam ideia de como tinham conseguido fazer isso. O garoto ainda estava passando por aquela fase pela qual Leonardo da Vinci e os irmãos Wright tinham passado, em que se divertiam muito mexendo com as invenções. Ele também criou um aparato que girava um pedaço de carne enquanto ela assava, usando como base a máquina de costura da sua tia Daisy, que não gostou muito da ideia — para falar a verdade, ela detestou tanto que Guglielmo precisou desmontar o aparato.

Em 1887, Marconi foi reprovado no exame de ingresso à Academia Naval, o que deixou seu pai furioso. Ele começou, então, a trabalhar no Instituto Técnico de Leghorn, onde estudaria física e química. Guglielmo gostou tanto do lugar que sua mãe lhe arranjou aulas extras. Ele tinha tudo para se tornar um ótimo aluno, mas as notas no boletim continuavam as mesmas...

Guglielmo Marconi

> Assessor de ingresso acadêmico
> Universidade de Bolonha, Bolonha
>
> Prezado sr. Marconi,
> Escrevo para informar ao senhor que sua inscrição na
> nossa Universidade foi recusada porque você é burro.
> Agradecemos o seu interesse. Por favor, direcione-o
> para outras coisas.
>
> Atenciosamente,

Guglielmo não estava se saindo muito bem, e uma das principais razões para isso, segundo dizem, era que seu pai se recusava a pagar pelo equipamento necessário, a ponto de o filho ter que vender os sapatos para comprar material. (Essa história é um pouco difícil de acreditar, até porque a mãe dele era tão carinhosa que lhe pagaria um novo par de sapatos. Guglielmo não é o tipo de inventor de quem a gente precisa sentir pena, ainda mais comparado aos outros deste livro, que passaram por maus bocados. Então, pode guardar o lenço, pois neste capítulo não vai haver choradeira.)

O professor prático

E eis que ocorre uma incrível coincidência...

Inventores e suas ideias brilhantes

O professor Augusto Righi tinha recriado os experimentos de Hertz, e a mamãe Marconi o convenceu a visitar Guglielmo. Augusto deve ter gostado muito do rapaz, pois logo o deixou usar o seu laboratório e frequentar a biblioteca. Lá, na biblioteca da Universidade de Bolonha, ele leu sobre a dificuldade que foi passar um cabo sobre o oceano Atlântico para enviar sinais de telégrafo. E, apesar de toda a trabalheira, era um sistema capenga: lento, caro, sempre precisando de manutenção e não servia para mandar recados para alguém que morasse na Austrália, já que o cabo não ia até lá...

Os telégrafos eram como os canais antes de George Stephenson ter bolado as locomotivas, ou como as máquinas a vapor antes de James Watt: brilhantes, mas com uma função muito limitada. Depois do telefone de Bell e Edison e do rádio de Marconi, eles deixaram inclusive de ser brilhantes. O telefone mostrou que era possível transmitir palavras, e não apenas bipes, enquanto o rádio provou que dava para se comunicar a longa distância, atravessando oceanos e países.

Guglielmo tinha certeza de que a comunicação por rádio a longa distância era possível, e passou a fazer experiências em um laboratório secreto montado por sua mãe no sótão. Ele criou um aparato similar ao que Heinrich Hertz e Augusto Righi tinham usado, mas a sorte de Guglielmo foi que na sua época já existia um detector de ondas de rádio muito melhor, chamado coesor Branly, que substituiu o espaço de faíscas de Hertz. O experimento de Guglielmo funcionava da seguinte maneira:

Guglielmo Marconi

Em pouco tempo, Guglielmo conseguiu fazer um sino soar apertando um botão a nove metros de distância, sem nenhum cabo ligando os dois. Naquela época, devem ter achado que era mágica! Marconi ficou tão emocionado que acordou sua mãe no meio da noite para mostrar o funcionamento da engenhoca.

Mas a questão era: ele conseguiria fazer melhor que o professor Augusto? Apesar de seu treinamento na universidade, Marconi ainda estava apenas fuçando, sem muito rigor científico, então demorou bastante para aperfeiçoar seu sistema.

Com os pés no chão

O que faz de Guglielmo um inventor diferente de Arquimedes, mas parecido com Stephenson, é o fato de que ele não se interessava pelas grandes questões da ciência, seus objetivos eram mais mundanos. Nesse sentido, ele não era propriamente um cientista, o que o prejudicou um pouco, pois só descobria as coisas através de tentativas práticas. Por outro lado, ele não se perdeu em análises científicas das ondas de rádio, e buscou uma aplicação concreta para os avanços na área. Marconi sabia exatamente o que queria: desenvolver um sistema de comunicação a longa distância que não dependesse de fios ou cabos. Aleck e Tom tinham realizado um

Guglielmo Marconi

excelente trabalho com a criação do telefone, mas ele não podia ser usado em alto-mar, onde sem dúvida seria bem útil...

Depois de muito experimentar, ele conseguiu aumentar o alcance do aparato. Seu pai finalmente aceitou que o filho estava descobrindo coisas interessantes e, em 1895, resolveu ajudá-lo financeiramente.

E a próxima invenção de Guglielmo foi a terra.

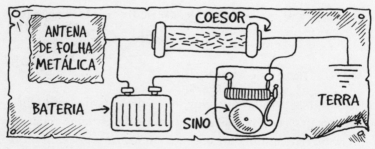

A terra era simplesmente uma conexão com o chão que, ligada a uma antena, aumentava bastante o alcance do rádio de Guglielmo: a antena captava sinais bem fracos e a conexão com a terra permitia que esses sinais fluíssem com muito mais força pelo receptor. Marconi foi bem humilde na hora de explicar como ele tinha bolado esse sistema: disse que foi um experimento que deu certo. Mas o que ele não contou foi o quanto tinha testado obsessivamente todas as suas experiências e variações, até chegar a uma solução. Seus resultados foram melhores do que os que qualquer cientista conseguiria alcançar com base apenas em teorias e cálculos. E foi isso: o primeiro rádio tinha sido inventado!

Guglielmo também descobriu que os receptores captavam suas mensagens (que, no geral, eram a letra S, pois, no código Morse, um S é composto de três bipes curtos, ou seja, algo fácil de transmitir) até mesmo quando havia morros no meio do caminho.

Apesar de as ondas de rádio terem sido descobertas por Heinrich Hertz, a existência delas foi prevista bem antes, em 1873, por James Clerk Maxwell, um dos maiores cientistas de todos os tempos (embora não seja tão superfamoso). Ele concluiu que a onda de rádio é um padrão de campos elétricos e magnéticos alternantes que atravessam o espaço na velocidade da luz. E para falar a verdade, a luz é como o rádio: a única diferença é o comprimento da onda.

As ondas de rádio que Guglielmo usava eram um milhão de vezes mais compridas que as ondas de luz, mas viajavam em linha reta como a luz. Como, então, atravessavam montanhas? Tinha algo estranho aí. Guglielmo não fazia ideia do motivo, e só podia supor que elas conseguiam, de alguma forma, atravessar os tais morros. Na realidade, até o ano de 1920, ninguém soube a verdadeira razão para esse fenômeno, quando descobriram ser devido a uma parte da atmosfera chamada ionosfera.

Guglielmo Marconi

Na ionosfera, a radiação do Sol transforma as moléculas do ar em coisinhas eletricamente carregadas chamadas íons. Essas camadas de íons refletem algumas ondas de rádio de certos comprimentos, o que foi muito prático para a invenção de Guglielmo, pois significava, apesar de ele não saber, que não havia limite de distância para as ondas de rádio: bastava ter um transmissor potente o bastante e um receptor sensível o suficiente.

Muitos anos antes dessa descoberta, Guglielmo tinha montado um sistema que podia enviar mensagens capazes de percorrer quilômetros e mais quilômetros. Logo, não havia nenhum motivo pelo qual não atravessariam um oceano, e o rádio poderia ser usado onde os telégrafos não funcionavam. Ele resolveu, então, escrever uma carta aos Correios italianos, para ver se eles tinham interesse no aparelho. Recebeu a seguinte resposta:

Ministro de Correios e Telégrafos
Ministério de Correios e Telégrafos
Roma

Prezado sr. Guglielmo Marconi,
Não temos interesse, obrigado.

Atenciosamente,

Ministro de Correios e Telégrafos

Inventores e suas ideias brilhantes

Bem chato. No entanto, um pouco de sorte e uma ajudinha da mãe de Guglielmo mudaram o rumo das coisas. A sra. Marconi era inglesa e tinha um sobrinho que era engenheiro. Então, ela e Guglielmo foram até a Inglaterra. O sobrinho da sra. M. ajudou Guglielmo a remontar o aparato, depois que o pessoal da alfândega estragou todo o sistema, e depois o apresentou a um amigo, que escreveu uma carta bem bajuladora a William Preece, engenheiro-chefe dos Correios. A carta acabava assim:

> Me parece que talvez você possa ser simpático o bastante para receber o jovem e escutar o que ele tem a dizer, e creio também que a invenção do rapaz pode muito bem ser de seu interesse.
> Torço para que minha carta não tenha lhe trazido incômodos.
> Com muito carinho e afeto,
>
> A. A. C. Swinton

A carta puxa-saco do sr. Swinton deu certo, e Guglielmo foi apresentado a William, que se revelou o melhor contato possível para Marconi: ele foi um dos primeiros engenheiros do telégrafo e sonhava em desenvolver um sistema sem fio. William tinha até inventado uma espécie de sistema de rádio, mas ele exigia uma quantidade tão grande de fios que teria sido muito mais prático simplesmente conectar o transmissor ao receptor. Era uma espécie de sistema muito-fio.

Guglielmo Marconi

DE: GUGLIELMO, CORREIOS, LONDRES
PARA: MAMÃE, BAYSWATER, LONDRES
DATA: 31 DE MARÇO DE 1896
WILLIAM PREECE ACHOU DEMAIS O SISTEMA SEM FIO. ELE
QUER MUITO SALVAR VIDAS EM ALTO-MAR. EU TAMBÉM
QUERO. EU TAMBÉM ACHEI DEMAIS O SISTEMA!

DE: GUGLIELMO, CORREIOS, LONDRES
PARA: MAMÃE, BAYSWATER, LONDRES
DATA: 27 DE JULHO DE 1896
PRIMEIRA DEMONSTRAÇÃO PÚBLICA DO SISTEMA SEM FIO,
ATRAVESSANDO DOIS QUILÔMETROS EM LONDRES. UM
SUCESSO! USEI GRAVATA VERDE!*

DE: GUGLIELMO, SALISBURY PLAIN, WILTSHIRE
PARA: MAMÃE, BAYSWATER, LONDRES
DATA: 2 DE SETEMBRO DE 1896
ENVIEI MENSAGEM SEM FIO ATRAVESSANDO DOIS
QUILÔMETROS EM SALISBURY PLAIN. PESSOAL DOS
CORREIOS, DO EXÉRCITO E DA MARINHA FICOU MUITO
CONTENTE. GRAVATA LISTRADA HOJE. TORNEI-ME MUITO
FAMOSO.

DE: GUGLIELMO, TOYNBEE HALL, LONDRES
PARA: MAMÃE, LONDRES
DATA: 12 DE DEZEMBRO DE 1896
WILLIAM E EU DEMOS UMA CONFERÊNCIA PÚBLICA. LEVEI
SINO ELÉTRICO, WILLIAM O FEZ SOAR POR SISTEMA SEM
FIO. GRAVATA COM BOLINHAS. TODOS AMARAM.

* Guglielmo sempre foi muito estiloso, afinal de contas ele era italiano.

Inventores e suas ideias brilhantes

Uma mensagem sem S

Marconi percebeu que o que mais limitava o alcance das ondas de rádio era a antena, então tinha chegado a hora de desenvolver uma melhor. Por volta de 1897, ele já conseguia enviar mensagens por um percurso de mais de catorze quilômetros, por isso achou que o projeto realmente teria futuro e formou a Companhia do Telégrafo Sem Fio, que mais tarde virou a Companhia Marconi, principal rival da empresa de John Logie Baird.

Nessa época, o governo italiano estava um tanto arrependido de ter recusado o projeto de Guglielmo, e lhe perguntaram se ele não queria voltar para casa. Como Marconi não costumava guardar ressentimentos, voltou à Itália e, em julho, tentou enviar um sinal do barco à costa. Quando percebeu que não tinha onde apoiar a antena, bateu um nervosismo, mas então ele arranjou uma vassoura, cravou a antena nela e convenceu um passageiro a segurar o utensílio no ar por um tempo. Para mostrar que ele tinha perdoado o país, transmitiu: "*Viva l'Italia*", no lugar de seu clássico "S".

Nos anos seguintes, Guglielmo aumentou o alcance das suas ondas de rádio. Enviou mensagens que atravessaram o canal e, em 1899, foi aos Estados Unidos, onde, pela primeira vez, seu invento salvou uma vida, quando alguém caiu de um iate. Guglielmo também aperfeiçoou bastante o seu aparato, trabalhando melhor a questão da sintonização dos rádios.

Guglielmo Marconi

O conceito de sintonização era a principal ideia por trás do telégrafo harmônico de Aleck, e é fácil perceber por que é tão essencial para o rádio. Se há muitos transmissores locais em atividade, os receptores captarão todos ao mesmo tempo, a não ser que exista alguma maneira de fazer o receptor "escolher" um só sinal. A solução é enviar os sinais em frequências diferentes, o que, de certa forma, os seres humanos também fazem. Se alguém está no meio de uma multidão e quer ser ouvido, essa pessoa muda inconscientemente o tom da própria voz, para diferenciá-la da dos outros (ou então, no caso de um sujeito menos paciente, parte para a gritaria, claro). A sintonização também é uma ótima maneira de poupar energia.

Guglielmo não sabe se divertir

Para Guglielmo, o próximo desafio era, obviamente, enviar mensagens capazes de atravessar o oceano, o que seria bem mais complicado. Ele montou uma série de antenas em Poldhu, no litoral da Cornualha e, como queria uma transmissão bilateral, colocou outras antenas no cabo Cod, nos Estados Unidos. As antenas tinham 61 metros de altura e 61 metros de base: eram muito impressionantes e muito caras, mas explodiram antes que pudessem ser utilizadas.

Guglielmo montou uma antena substituta em Poldhu, e em cabo Cod se contentou com apenas duas pipas e um balão. O balão e uma das pipas voaram longe, mas ele usou a pipa remanescente para captar o sinal que queria: pediu para que enviassem a sua mensagem favorita, um "S", de Poldhu e, finalmente, apesar de outro vendaval que começou na área, ele conseguiu escutar a mensagem.

Nem todos acreditavam em Guglielmo (embora Thomas Edison tenha defendido publicamente o inventor italiano), mas outras demonstrações públicas posteriores acabaram convencendo o resto do mundo, especialmente quando Marconi inventou uma máquina que imprimia as mensagens em código Morse que os receptores de rádio captavam. Dessa forma, as pessoas não precisavam mais sofrer para entender os bipes que soavam no meio de tanta interferência.

Como a ionosfera ainda não tinha sido descoberta, ninguém entendeu direito como foi que Guglielmo conseguiu fazer aquilo: é impossível enxergar os Estados Unidos quando se está na Inglaterra, porque a curvatura do planeta Terra atrapalha tudo. Levando em conta que as ondas de rádio são como as de luz, as pessoas não entendiam como aquelas eram capazes de atravessar o Atlântico, se nem a luz conseguia.

Mas não importa: a partir de então, tudo que Guglielmo tinha a fazer era sentar e relaxar, aguardando seus sonhos se tornarem realidade. Ele estava rico e famoso e, o que era mais importante, seu rádio estava realmente salvando vidas em alto-mar. Mil e setecentas pessoas foram resgatadas de um naufrágio em 1909, tudo graças a uma mensagem de rádio, e também muitos passageiros do *Titanic* em 1912 (na verdade, um número muito maior de pessoas teria sobrevivido se o operador de rádio do navio mais próximo não estivesse longe do seu posto).

A comunicação por rádio ainda era um tanto problemática nos primeiros anos: às vezes, quando tinha muita interferên-

Guglielmo Marconi

cia, as impressoras de código Morse registravam pontos a mais, sendo que cada ponto significa um "E" nesse código...

Em 1905, Guglielmo se casou com a vistosa, porém pobre, Beatrice O'Brien e acabou se revelando um marido bastante ciumento. Ela quase não saía de casa sem ele, pois Marconi morria de medo de que ela sorrisse para outros homens. Isso era muito chato da parte dele, até porque o casamento não o impediu de ter várias outras namoradas. Ainda assim, ele e Beatrice continuaram casados até 1924 e tiveram quatro filhos.

O rádio permitiu que Guglielmo tivesse uma grande vida: ele ganhou o Prêmio Nobel em 1909, se tornou um diplomata, ficou amigo de Thomas Edison e Graham Bell e tinha tanto dinheiro que podia viver como bem entendesse. Como sempre gostou do mar, decidiu viver em um grande navio, junto com sua família e seus amigos, onde organizava festas incríveis, para as quais convidava só gente importante.

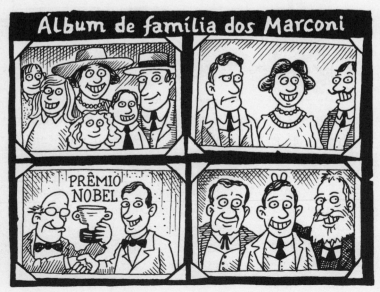

Inventores e suas ideias brilhantes

Então, quer dizer que a vida de Guglielmo daí em diante passou a ser só diversão? Até poderia ter sido, mas Marconi não sabia apenas relaxar e curtir. Ele insistia que as suas refeições fossem servidas pontualmente — não podiam atrasar um só segundinho —, era indiferente tanto aos seus fracassos quanto aos seus sucessos e resmungava sempre que tinha de dividir um elevador com outra pessoa.

Assim, não seria de estranhar se Guglielmo, sendo esse cara meio tenso e ranzinza, achasse que o rádio não servia para diversão, como afirmam os seus biógrafos. Ele chegou a perder um bom dinheiro por não querer se envolver com a transmissão de programas de entretenimento, sempre defendendo a ideia de que esse era um invento sério. Era realmente bem difícil se divertir transmitindo mensagens em código Morse, mas, a partir de 1902, tinha se tornado possível enviar qualquer coisa por rádio.

Ou melhor, qualquer *sinal* — como textos falados, músicas ou programas de bate-papo. Muita gente estava determinada a usar o rádio só para esse tipo de frivolidade, como a BBC, por exemplo, que foi formada em 1922 a partir da Companhia Marconi e algumas outras. Quando as pessoas passaram a associar o rádio ao conceito de diversão, o aparelho se tornou uma febre: todos o amavam! Um dos primeiros momentos memoráveis da história do rádio foi quando Nelly Melba, uma cantora de ópera famosa, realizou uma apresentação nos estúdios da Companhia Marconi,

Guglielmo Marconi

em Chelmsford, e pôde ser escutada a milhares de quilômetros de distância. Quando o engenheiro contou a Nelly que sua voz seria transmitida do topo de uma antena de 135 metros, ela olhou para ele e disse:

> *Meu jovem, você está muito enganado se acha que vou subir até lá!*

Mas como era de esperar, Guglielmo não gostou muito de toda essa diversão e frivolidade.

Ele também era extremamente patriota e apoiava as decisões do governo de olhos fechados. Por isso, em 1923, se juntou ao Partido Fascista Italiano, o que foi... bem... para falar a verdade... horrível. Os fascistas lutavam por um controle completo do Estado e pretendiam tirar todos os direitos do povo. Em 1935, quando o governo fascista se preparou para atacar a Abissínia (que hoje em dia se chama Etiópia), muitos países protestaram, enquanto Marconi viajou o mundo todo, defendendo o ataque italiano...

O mundo inteiro sem fio

Com o passar dos anos, as ondas de rádio que Guglielmo tanto gostava ficaram mais curtas, e a vantagem disso é que essas ondas precisam de antenas menores, gastam menos energia e são mais direcionadas. Por volta de 1926, várias estações pelo mundo todo já transportavam mensagens de rádio em ondas curtas usando o sistema de transmissores que Guglielmo tinha criado — era um sistema tão bom que, quarenta anos depois, quando o Museu de Ciência pediu um transmissor desativado para expor, descobriu que não existia nenhum, pois todos ainda estavam em funcionamento!

Inventores e suas ideias brilhantes

Marconi acabou criando um grande interesse por ondas ainda mais curtas, hoje em dia chamadas micro-ondas, e realizou alguns experimentos que mostravam ser possível localizar objetos de metal com base no efeito que eles causavam nas ondas. Essa pesquisa poderia ter levado Guglielmo à descoberta do radar, mas ele acabou não vivendo o suficiente para isso, e faleceu em 1937. Em sua homenagem, as estações de rádio no mundo todo fizeram dois minutos de silêncio completo.

Guglielmo tinha plena consciência de que o rádio era uma invenção incrível, mas é claro que, quando disse que usava o aparelho para enxergar através das paredes, ele estava apenas brincando... (Ele ainda disse para o repórter não contar aquilo para ninguém, então, obviamente, o jornalista espalhou para todo mundo e sua fala saiu na capa de todos os jornais.) Mas só para reforçar: ele não conseguia, de fato, fazer isso.

GUGLIELMO MARCONI: ASSIM FOI SUA VIDA

PRINCIPAIS INVENÇÕES:
- Transmissões de rádio que atravessam longas distâncias
- Sistema antena/terra
- Rede mundial de comunicação por rádio

TAMBÉM FICOU FAMOSO POR:
Abrir a Companhia Marconi.

JOHN LOGIE BAIRD E SUA TELEVISÃO GIRATÓRIA

Afinal, quem foi o verdadeiro inventor da televisão? Bem, de certa forma, todos esses que aparecem aí em cima. A tevê, assim como a máquina voadora, foi um aparato que as pessoas tentaram inventar por anos e anos a fio. Além de ser uma ideia muito legal, parecia bem simples: se Aleck Bell tinha conseguido enviar vozes por fios, o que impedia alguém de enviar imagens? Ou será que não seria possível trans-

---

[1] Foi ele que escreveu a carta que aparece na página 164.

Inventores e suas ideias brilhantes

portá-las pelo ar, em vez de utilizar fios, como Guglielmo tinha feito com as mensagens em código Morse? Além disso, as pessoas iam ao cinema desde 1890, então as imagens em movimento já eram comuns, cotidianas. Mas, ao contrário da tevê, o cinema não serve para mostrar um determinado acontecimento a milhões de pessoas ao mesmo tempo, nem para transmitir ações que estão ocorrendo ao vivo, no exato momento da transmissão.

Imagens em movimento

Um projetor de cinema funciona de um jeito bem diferente de uma televisão. No cinema, um raio de luz ilumina uma tira de filme em movimento, na qual foram impressas as imagens do filme, mais ou menos como um cinetoscópio (ver página 105, com a diferença de que o filme é projetado em uma parede, e não nos olhos do espectador. Já a televisão consiste, basicamente, em um raio de luz, ou feixe de elétrons, que passa por uma tela, que, por sua vez, brilha em resposta à luz. A luz, ou o feixe de elétrons, muda de forma muito, mas muito rapidamente, de modo que uma nova imagem é desenhada na tela várias vezes por segundo. Essa mudança é controlada por um sinal de rádio emitido pelo transmissor de tevê.

O que um sistema de televisão deve fazer é transformar luz em eletricidade e, depois, transformar a eletricidade em luz outra vez. A imagem que está sendo televisionada é transformada em um sinal elétrico e transmitida pelo espaço até chegar ao aparelho de tevê, que converte o sinal em imagem novamente. É um pouco semelhante ao que Aleck fez com o som, só que bem mais complicado: o som é um sinal que pode mudar apenas sua frequência (que escutamos como o "tom") e sua força (o volume do que escutamos), e é fácil fazer um sinal elétrico sofrer alterações em frequência e força como se fosse um som.

John Logie Baird

A luz não é tão diferente do som: ela também varia em frequência (que percebemos como "cor") e força (que percebemos como "brilho"), então deveria ser fácil transmitir essas informações através de um sinal elétrico e transformá-las novamente em luz no aparelho do espectador. Tudo de que precisaríamos seria uma espécie de microfone que captasse mudanças na luz, em vez de mudanças no som.

Mas existem mais coisas em uma imagem além da cor e do brilho, até porque uma imagem de tevê só com uma cor e um tipo de brilho não serviria para muita coisa (a não ser para ficar pendurada, como uma espécie de obra de arte esquisita). As diferentes partes de uma mesma imagem têm diferentes cores e brilhos, então o sinal correspondente precisaria conter milhares de frequências simultâneas. É como se Bell tivesse que inventar um telefone capaz de transmitir muitas vozes ao mesmo tempo, mas que pudessem ser escutadas separadamente.

Viu como parece complicado? Vejamos como foi que John Logie Baird resolveu esse problemão.

Uma queda e uma explosão

John nasceu em 1888, em uma casa à moda antiga no litoral noroeste da Escócia. A casa ficou bem mais moderna depois que John decidiu fazer algumas modificações, como montar um sistema telefônico para poder ligar para os amigos. Funcionou muito bem — Aleck teria ficado orgulhoso

Inventores e suas ideias brilhantes

do seu conterrâneo! — mas, infelizmente, os fios ficavam pendurados em uma altura um pouco baixa, e às vezes eles caíam no meio da rua. Até que um dia...

Então John teve de remover seus fios, mas logo encontrou um novo uso para eles: em poucas semanas, a sua casa era a única do bairro a ter luz elétrica, distribuída por um gerador que ficava debaixo da pia da cozinha. (Thomas Edison teria ficado orgulhoso...)

O coitado do John não era um rapaz muito saudável e nunca se recuperou por completo de uma crise de bronquite que teve aos dois anos de idade, o que acabou sendo útil na hora de inventar a tevê, como veremos em breve.

No entanto, ser um sujeito frágil não o impediu de tentar voar: ele, junto com um amigo, construiu uma asa-delta e tentou voar com ela, mas a aventura durou apenas... dois segundos. Depois desse instante, o que aconteceu foi que...

Os irmãos Wright não teriam ficado orgulhosos...

John Logie Baird

John logo concluiu que essa história de conquistar o ar não era para ele, ainda mais que, naquela época, os Wright já tinham feito isso. Não se sabe ao certo quando foi que lhe veio a ideia de inventar uma tevê, mas ele com certeza trabalhou em experimentos relacionados a isso por volta de 1903, quando tinha apenas quinze anos e buscava resolver o primeiro desafio da construção do aparato: descobrir como transformar luz em eletricidade.

Essa pergunta já tinha sido parcialmente respondida uns trinta anos atrás, quando se descobriu que um metal chamado selênio possuía a estranha propriedade de ter sua resistência à eletricidade diretamente ligada à incidência de luz no metal. Assim, deveria ser possível criar uma espécie de "microfone de luz" se um sinal elétrico se transformasse conforme a quantidade de luz presente, assim como o microfone muda o sinal a partir da quantidade de som.

Bem, infelizmente, não. Naquela época, não era possível obter selênio em uma forma muito pura, portanto o sinal obtido seria muito fraco. Além disso, o material demorava demais para reagir às mudanças de luz e seria muito lento para o funcionamento da tevê. John descobriu ele mesmo as limitações do selênio quando tentou construir seu primeiro aparato televisivo, por volta de 1912 — ninguém sabe as datas ao certo, pois ele sempre foi muito reservado quanto às suas ideias e morria de medo de que alguém as roubasse. Muito depois, passaram a existir outros motivos para que ele fosse uma pessoa reservada.

John não era muito bom com coisas práticas, mas ele se esforçava bastante. Enquanto estudava no Colégio Técnico de

Inventores e suas ideias brilhantes

Glasgow, também trabalhou em firmas de engenharia para ganhar um pouco de experiência prática, então ele sempre estava por dentro de todas as novidades em tecnologia e conhecia os aparelhos industriais mais modernos.

John nunca desistiu de inventar coisas — como diamantes, por exemplo. Ele achava que conseguiria fazer um se tivesse um pouco de carbono e muita energia elétrica, o que não era uma ideia *completamente* doida, porque diamantes são, de fato, feitos de carbono. A boa notícia era que ele realmente tinha muita energia elétrica à sua disposição, pois trabalhava na Companhia Elétrica de Glasgow na época; a má notícia era que...

**METADE DE GLASGOW FICA NO ESCURO DEVIDO À FALTA DE ENERGIA.
TENTATIVA DE CIENTISTA LOUCO DE FAZER UM DIAMANTE FRACASSA.
DESEMPREGO AUMENTA EM: UMA PESSOA.**

Foi muito chato. Depois dessa experiência, John decidiu...

John Logie Baird

Que nada. Ele se concentrou em vender algo que já tinha inventado.

Supermeias

A invenção de John Logie Baird recebeu o criativo nome de... "A MEIA DE BAIRD"!. E não era lá muito genial: tratava-se apenas de um par de meias com um pó espalhado por dentro que as mantinha secas e deixava os pés quentinhos. Esse pó saía na primeira lavada, então quem usava as meias optava entre ter pés quentinhos e com chulé ou pés cheirosos, mas gelados. A verdadeira criatividade do invento estava na maneira como John resolveu divulgá-lo: ele colocou mulheres andando de um lado para o outro na rua e vestindo placas bem grandes que diziam:

Nunca tinha se ouvido falar de mulheres fazendo esse tipo de coisa, de modo que John e suas meias ficaram famosos (sério mesmo, Baird ganhou um bom dinheiro com elas). Outra estratégia comercial inteligente foi pedir a seus amigos que telefonassem para as lojas pedindo mais meias, o que deixava os lojistas desesperados, com medo de que acabasse o estoque. John descobriu, então, que ele era um mestre do marketing, talento que, como vimos antes, é fundamental para fazer uma invenção decolar — ainda que não seja uma máquina voadora. Infelizmente, John teve mais uma daquelas gripes horríveis e seu negócio de meias foi para o brejo.

Tem algo estranho no meu sanduíche

Então, o que fazer? Suas gripes frequentes o estavam incomodando muito e, assim como os pais de Aleck Bell, John concluiu que a culpa era do clima da Escócia e decidiu ir embora, mas não para os Estados Unidos: Baird foi a Trinidad vender algodão.

POR QUE DIABOS QUEREM ALGODÃO EM TRINIDAD?

É, para falar a verdade, ninguém queria algodão por lá, mas, como Trinidad é um lugar cheio de frutas diferentes, John decidiu inventar sua linha de geleias. O problema de Trinidad era que, além de frutas, lá havia também muitos insetos, e não tem nada que um inseto goste mais no café da manhã do que um pote de geleia. Então, em vez de vender geleias de framboesa ou morango, ele acabou fabricando sabores deste tipo:

Ninguém gostou muito das geleias dele, com exceção dos insetos, é claro. John não se incomodava com os bichinhos — até tinha um gafanhoto enorme como animal de estimação —, mas eles tinham arruinado seus planos de ganhar dinheiro com geleia, pois nem ele gostava de passar seus produtos na torrada. Desta vez, todo o talento do jovem para a publicidade não conseguiu vender as guloseimas, mesmo depois que John tirou (quase todos) os insetos, um por um, com suas próprias mãos! E assim, ele decidiu voltar para casa.

O sabonete veloz e os sapatos pneumáticos

De volta a Londres, ele pensou que seria uma boa ideia entrar no mercado dos sabonetes. Como estava cansado de inventar

John Logie Baird

coisas, e como tinha descoberto que era um vendedor talentoso, John decidiu comprar vários sabonetes baratos, nomeá-los de "Limpeza Veloz de Baird" e revendê-los por um preço muito maior.

O projeto foi um sucesso, até o dia em que ele pegou outra daquelas gripes malditas e precisou parar de trabalhar. Então, vendeu sua empresa para uma rival chamada Hutchinson, que tinha inventado o "Sabonete Lava Rápido" para competir com o "Limpeza Veloz de Baird", e foi para o litoral sul. Foi aí que resolveu que finalmente tinha chegado a hora de inventar...

Ainda não. O sapato pneumático (cheio de ar). Eles seriam muito confortáveis, se não estourassem na primeira caminhada, como aconteceu com o par que John criou de protótipo.

As outras invenções também fracassaram — seu creme para furúnculos (que não era de fato seu, pois se baseava na receita de um colega) lhe deixou cheio de coceiras, e sua lâmina de barbear que não enferrujava acabou cortando-o (pois era feita de vidro). Então John pensou que tinha chegado a hora de inventar...

Nada disso...

A Teeeeeeeeee... vê!

Depois de muito vasculhar o seu projeto, John acabou bolando

Inventores e suas ideias brilhantes

um modelo que servia, mas não se sabe ao certo qual era sua aparência, nem como de fato funcionava. Na verdade, até hoje quase ninguém sabe como as televisões de Baird trabalhavam, pois ele não revelava seus segredos a ninguém. Além disso, as tevês atuais, todas eletrônicas, não têm nada a ver com as de John, que eram mecânicas, pois enquanto ele se matava trabalhando na sua oficina, outros já pensavam no modelo eletrônico. Com certeza, o sistema mecânico de John nunca teria alcançado os resultados a que chegamos nos dias de hoje, por mais sofisticado que seu invento ficasse. Mas, no início dos anos 1920, o pessoal da eletrônica ainda estava muito longe de montar uma tevê que funcionasse, então, em vez de usar circuitos, John usou a madeira de um caixão, uma caixa de chapéu, pedaços de uma bicicleta antiga e alguns alfinetes!

Assistir à primeira tevê de John era um pouco como assistir a um retângulo piscando em duas cores, preto e rosa. Ficava quase impossível de enxergar o que acontecia na tela...

Como não se sabe ao certo quando foi que John fez o seu aparato, também não se pode ter certeza de que ele foi o primeiro a inventar a tevê, pois, com certeza, invenções muito similares estavam sendo boladas nos Estados Unidos.

Um tempo depois, o proprietário do apartamento que John alugava se cansou de ver seu quarto naquela bagunça, feito de laboratório e cheio de pedaços de televisão, e expulsou-o de lá. Como estava um pouco melhor de saúde, ele decidiu regressar a Londres. Mas lá também não teve muita sorte com aluguéis, e foi expulso de outro lugar por passar as refeições inteiras fa-

John Logie Baird

zendo caretas em frente ao espelho, um pouco como Aleck Bell costumava fazer. Seus projetos referentes à televisão também passaram por dificuldades, embora ele tenha conseguido uma entrevista na empresa de Guglielmo, onde tentou vender o projeto do aparelho. A entrevista foi assim:

Depois disso, seus projetos foram ladeira abaixo. Mais tarde, a Companhia Marconi passou a trabalhar com tevês e, ironicamente, muitas pessoas acharam que o inventor do aparelho tinha sido o próprio Guglielmo, o que deixou o coitado do John muito irritado.

Mas os avanços de John nessa área foram, com certeza, originais. Em abril de 1925, ele conseguiu atrair a atenção da mídia — e ganhar um dinheirinho — demonstrando em público as suas tevês: colocou o aparelho em uma loja e apavorou os compradores com imagens de máscaras assustadoras que davam uma piscadinha para o espectador.

(Já outros compradores deram um susto em John, quase morrendo eletrocutados depois de mexer nos fios da televisão.) E então...

Inventores e suas ideias brilhantes

O JORNAL SECRETO DA TEVÊ
DE JOHN LOGIE BAIRD

2 de outubro de 1925

10h: O Boneco
O boneco Stookie Bill estrela um programa curto de tevê, apresentado não apenas no chato preto e rosa, mas, pela primeira vez, em uma grande variedade de cores: rosa claro, rosa escuro, rosa tão escuro que chega a ser quase preto... qualquer tipo de rosa que você escolher! Tudo isso hoje na sua tevê (se o seu nome for John Logie Baird).

11h: O Garoto na Tela
William Taynton estrela o primeiro programa de televisão com seres humanos. William, que trabalhava como office boy até esta incrível oportunidade bater à sua porta, afirma: "Só aceitei porque ele me deu umas moedas. Já posso ir embora?".

11h10: Fim.

John Logie Baird

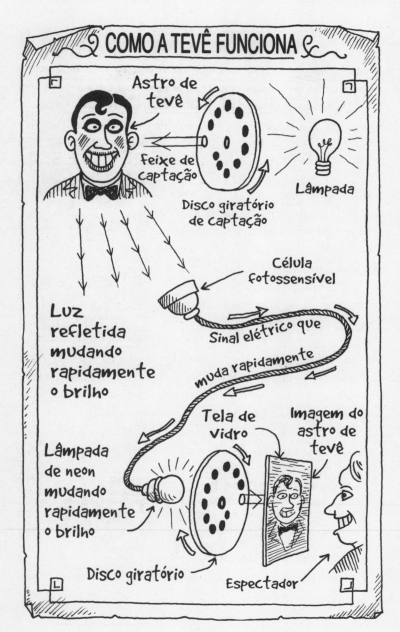

Inventores e suas ideias brilhantes

Só alguns meses depois, em janeiro de 1926, John estava pronto para anunciar a tevê de maneira conveniente, e realizou uma demonstração para os membros de uma comunidade científica chamada Royal Institution. Cerca de quarenta pessoas compareceram para assistir à exibição, que aconteceu não em um hotel chique ou em um laboratório moderno, mas no apartamentinho de John, com os convidados todos amontoados. O lugar era tão pequeno que não coube todo mundo, mas, por sorte, havia três andares de escada, então os últimos a chegar esperaram sua vez nos degraus. O inventor também fez questão de convidar um repórter do *The Times* para a demonstração, e, felizmente, com exceção de um momento meio tenso, quando a barba de um espectador ficou presa no aparelho, o evento  foi um sucesso. O Royal Institute adorou o novo aparato — todos queriam aparecer na tevê e até inventaram uma brincadeira cujo objetivo era descobrir para quem a pessoa na imagem estava olhando. O repórter do *The Times* também fez a sua parte, e logo John ficou famoso como o "homem da televisão" (o que era muito mais fácil que ser o homem renascentista).

De certa forma, esse sucesso midiático foi a maior conquista de John, pois ele conseguiu fazer com que a televisão se tornasse uma realidade palpável, não porque tenha in-

John Logie Baird

ventado o aparelho, mas porque mostrou que era realmente possível criá-lo.

Tevê do terror

Claro que, como os trens de George, os telefones de Aleck e a garra de Arquimedes, a tevê de John assustou muita gente. As pessoas achavam que quem aparecia dentro da tela conseguia ver aqueles que estavam do lado de fora, e alguns até chegaram a acreditar que a televisão era capaz de ler a mente de qualquer um. Mas o aparelho era muito mais seguro que os trens, e *muito* mais seguro que a garra de Arquimedes, até porque, agora que já havia uma proteção ao redor da parte giratória, ninguém mais corria o risco de prender a barba na televisão. No entanto, o pior é que alguns modelos experimentais eram perigosos mesmo: tinham discos giratórios de 2,5 metros, pedaços de vidro e giravam 2,5 vezes por segundo. Às vezes, as lentes de vidro saltavam do disco e, como John disse...

... atingiam a parede ou o teto como se fossem bombas. O aparato perdia o controle e saltava de um lado para o outro do laboratório até parar ou até o disco ficar em pedaços.

Muitas ideias bizarras surgiram durante o estágio de criação da tevê, como a de usar o olho de um morto no lugar da câmera e a de criar uma câmera de tevê que funcionasse no escuro. Esse último experimento até que deu certo: em vez de luz, ele usava calor. E quando a Associação Britânica de

Inventores e suas ideias brilhantes

Ciência foi assistir a uma demonstração desse invento, tinha uma multidão tão grande interessada no aparelho que a polícia foi chamada para controlar a massa. O único problema era que qualquer um que estivesse sendo filmado ficava exposto demais ao calor, e, naquele dia, alguém acabou pegando fogo! Felizmente, era só um dos bonecos do John, mas o fato acabou afastando o público e a ideia nunca deslanchou.

Por volta desse período (em 1927), John precisou enfrentar uma competição pesada. A empresa de Aleck já estava trabalhando com tevês havia algum tempo e, em abril, eles enviaram uma imagem televisiva por uma linha telefônica de Washington a Nova York (ou seja, mais de trezentos quilômetros de distância). No mês seguinte, John enviou uma de Londres a Glasgow, que era o dobro da distância. Por essa época, John, ao lado de seu antigo rival Hutchinson (o cara do "Lava Rápido") e de alguns acionistas ousados, tinha formado uma empresa e, como ela dependia exclusivamente de John e de sua inteligência, fizeram um seguro de vida de 150 mil libras para ele — o seguro mais caro da história já feito para um ser humano. O inventor não simpatizava com o diretor, que dirigia várias outras empresas, fumava charuto e era muito gordo, além de costumar aparecer no seu laboratório com sugestões idiotas. Um dia, colocou uma porta mais estreita na entrada da empresa para afastar o sujeito.

A melhor maneira de transportar imagens não era através das linhas telefônicas, e, em fevereiro de 1928, John enviou um sinal de tevê — a imagem de uma mulher chamada Dora

John Logie Baird

— por rádio de Londres a Hartsdale, perto de Nova York. As pessoas compararam o evento à primeira mensagem transatlântica de Marconi, 27 anos atrás. Outro sinal — uma mulher chamada Dora — foi enviado de Londres a um navio que estava a 1600 quilômetros no oceano, e logo depois as primeiras tevês foram colocadas à venda. Mas poucas pessoas compraram, não só porque era caríssimo, mas também porque não havia quase nada para se assistir nelas.

Na Inglaterra, todo mundo esperava que a BBC fosse a primeira a gravar programas de tevê, embora o próprio diretor da empresa, John Reith, não gostasse muito do conceito de televisão. Mas, em 1929, depois de muita discussão, e depois de conversar um pouco com a rival da BBC, a Companhia Alemã de Transmissão, John passou a transmitir programas televisivos, mas só durante meia hora por dia, e sempre no meio da noite.

As transmissões incluíam peças, entrevistas, animais realizando truques e, certa vez, uma cena de alguns trabalhadores falando palavrões e cantando músicas esquisitas que acabou indo ao ar porque alguém acidentalmente deixou um transmissor ligado. Os jornais, no dia seguinte, traziam manchetes do tipo: "Transmissão vulgar misteriosa!".

Foi um bom ano para John, que também inventou e demonstrou um sistema de tevê em cores,* a tevê 3-D e a gravação em vídeo. Ele costumava usar sapatos e meias esquisitas, além de um casaco xadrez desbotado que mataria Guglielmo, o estiloso, de vergonha.

---

* Um modelo de tevê em cores foi patenteado em 1904, usando um sistema de faíscas elétricas que brilhavam em filtros vermelhos, azuis e amarelos. O inventor era um tal de sr. Frankenstein.

Inventores e suas ideias brilhantes

Pequenas dificuldades técnicas

Então por que não usamos as tevês de John nos dias de hoje? Porque, para falar a verdade, a qualidade da imagem era uma porcaria: ela ficava piscando, não dava para entender direito o que aparecia na tela e era muito pequena. Até John concordaria, pois ele sabia que seu modelo era apenas o início. Os consumidores também estavam cientes da péssima qualidade, mas isso não os afastou da tevê, assim como os primeiros telefones de Aleck, difíceis de escutar, também não afugentaram o público. Bem, talvez a qualidade da tevê não tenha afastado os compradores simplesmente porque quase não havia compradores de fato, de tão caro que era o aparelho na época.

Naqueles dias, assistir à tevê era algo um pouco estranho, e aparecer na tevê era mais estranho ainda, pois a imagem e o som eram gravados em momentos diferentes. Se você fosse, digamos, um tenor italiano, e quisesse se tornar uma celebridade televisiva...

John Logie Baird

Esse tipo de coisa afastava alguns artistas de tentarem se tornar astros de tevê, mas as pessoas que apreciavam desafios curtiam o negócio. Em março de 1930, a BBC finalmente permitiu o uso de *duas* frequências de rádio em um programa de tevê, então uma pôde ser usada para o som e a outra para a imagem, ambas ao mesmo tempo. Foi uma época emocionante para atores, personalidades, celebridades, estrelas e para Gracie Fields (não conhece? Pergunte para sua avó). Eles vinham de tudo quanto é canto do mundo com o sonho de aparecer na tevê.

Inventores e suas ideias brilhantes

Nos anos seguintes, John inventou muitas televisões novas e exibiu diversos tipos de programa nelas.

John Logie Baird

A batalha das tevês

Enquanto John se concentrava em seu objetivo de impressionar o máximo de pessoas com suas incríveis televisões mecânicas, começaram a surgir avanços na área das tevês eletrônicas. Em meados da década de 1930, o governo concluiu que os tais aparelhos não eram só bobagem, então tinha chegado a hora de decidir o que fazer com eles. Naquela época, havia dois tipos de tevês no Reino Unido: as que operavam segundo o sistema eletrônico, desenvolvido pelas empresas Marconi-EMI, e aquelas que tinham o sistema mecânico de John (isto é, fundamentalmente mecânico, pois John, naquela fase, já havia adicionado alguns componentes eletrônicos). Um comitê foi nomeado para decidir qual dos sistemas era superior. Depois de um ano bebendo café e discutindo, eles anunciaram a conclusão: "não temos certeza". A única maneira de descobrir qual sistema era melhor, afirmou o comitê, seria testar os dois com o público.

Assim, a partir de 2 de novembro de 1936, os programas foram transmitidos pelos dois sistemas em horários diferentes.

Naquela época, uma tevê custava o mesmo preço que um carro, então era importante que os aparelhos fossem compatíveis com os dois tipos de sinal, pois senão as pessoas precisariam comprar duas televisões, já sabendo que uma delas logo se tornaria inútil.

Mas o que as pessoas que gastaram um monte de dinheiro no aparelho podiam assistir nas duas horas de transmissão diária (que não ocorria aos domingos)?

Inventores e suas ideias brilhantes

JORNAL DA TEVÊ
3 de novembro de 1936

15h: Anúncio da programação do dia.
15h05: Imagens de pastores alemães, com a descrição de algumas características da raça.
15h15: Notícias.
15h25: Sr. Stock fala sobre a sua réplica de um navio.
15h40: Pausa para se recuperar da emoção gerada pela réplica do navio, além de: anúncio da hora (ou seja, 15h40).
15h45: Duas estrelas de cinema. Uma delas cantará uma música. Ou não.
16h: Um mapa meteorológico, cortesia do Ministério Aéreo, será usado na previsão do tempo.
21h até 22h: o mesmo que das 15h às 16h, com a diferença de que as estrelas de cinema serão substituídas por uma dançarina espanhola.

Em novembro de 1937, o comitê concordou que o sistema vencedor... não era o de John. Apesar de ser superior em alguns sentidos — na transmissão de vídeos pré-gravados, por exemplo —, seu sistema piscava demais, tinha muito gra-

John Logie Baird

nulado e não parecia tão promissor em termos de avanços tecnológicos quanto o sistema totalmente eletrônico.

John ficou muito triste mas não sofreu um desastre financeiro. Ele voltou a trabalhar no projeto de usar a tevê em cinemas e continuou desenvolvendo seus sistemas.

Então, em 1939, a Segunda Guerra Mundial começou e todas as transmissões de tevê foram interrompidas. Havia um motivo bem lógico para o apagão televisivo: os bombardeiros alemães poderiam usar os sinais televisivos como pontinhos no mapa que indicariam os lugares onde as bombas deveriam ser lançadas. A empresa de Baird fechou, mas ele continuou muito ocupado, trabalhando em projetos secretos para o exército, como o da tevê voadora:

(Ela era, na verdade, uma câmera de tevê transportada em um bombardeiro francês.) Além disso, ele contribuiu com o sistema de visão noturna, radares e envio de sinais de alta velocidade (lá em Trinidad, curiosamente), mas o trabalho, no entanto, não era a coisa mais fundamental em sua vida. Certo dia, ele estava fora de Londres, com amigos, a fim de evitar os ataques aéreos, quando resolveu voltar à cidade para recuperar "uma peça essencial de equipamento", que, no final das contas, era o seu gato.

Inventores e suas ideias brilhantes

Ele também divertia os filhos contando histórias sobre animais fofinhos — ou melhor, sobre uma família de moscas e sobre a comida horrenda que os insetos tinham de comer e sobre como eles ficavam doentes depois dessa refeição nojenta.

Com a continuidade da guerra, a casa de John ficou cada vez mais arruinada e perigosa, até o momento em que ele precisou abandonar seu lar. Ainda assim, continuou trabalhando em novos modelos de tevê e logo formou uma nova empresa, a Cinema Television, onde desenvolveu outros novos aparelhos: modelos em cores, com tela grande, eletrônicas e 3-D. Não muito depois disso, John ficou doente novamente. Ele pensou que era mais uma daquelas gripes horríveis, mas desta vez acabou não aguentando. Morreu em 1946, logo depois de voltarem a transmitir sinais televisivos. Suas pesquisas na área foram abandonadas, inclusive sua última televisão 3-D.

JOHN LOGIE BAIRD: ASSIM FOI SUA VIDA

PRINCIPAIS INVENÇÕES:
- Sistema mecânico de televisão
- Tevê em cores
- Televisão 3-D

TAMBÉM FICOU FAMOSO POR:
Ser "o homem da televisão".

NÓS, OS INVENTORES

Você deve ter notado que não é sempre fácil dizer quem inventou o quê, e que quase nada foi inventado por uma pessoa só. Isso não quer dizer, no entanto, que os inventores individuais não existam mais — há, por exemplo, Trevor Baylis, criador do rádio que funciona a corda, e James Dyson, que elaborou o aspirador de pó sem saco coletor.

Então, se você deseja se tornar um inventor — talvez a primeira inventora mulher a receber o título "Morta de Fama" —, sabe o que precisa fazer?

Como vimos em inúmeras ocasiões, não é suficiente (ou sequer necessário) bolar uma ideia completamente original. Uma invenção de sucesso tem de ser algo que as pessoas realmente queiram usar: idealmente, alguma coisa que, antes de existir, elas nem sabiam que queriam. Se você criar algo assim, terá muito êxito — quer dizer, desde que você tenha patenteado a sua invenção. Sem as patentes, Thomas Edison, Graham Bell, Guglielmo Marconi e muitos outros inventores não teriam deslanchado na carreira.

Além disso, um bom período de aprendizado e treinamento na área científica pode ser útil, embora não seja essencial. Na verdade, como vimos neste livro, existem vários tipos de in-

Inventores e suas ideias brilhantes

ventores: alguns que trabalham com o sistema de tentativa e erro, como George Stephenson; outros que buscam respostas lógicas, como James Watt; e alguns que usam novas tecnologias aplicadas a velhas ideias, como John Logie Baird. Se você acha que é como um deles, precisa agora aprender:

Nós, os inventores

Inventores e suas ideias brilhantes

Nós, os inventores

Então o que você poderia bolar? Alguns inventores deste livro criaram coisas que todo mundo queria, como aviões e aparelhos de tevê. Você talvez devesse fazer o mesmo, inventando algo que todo mundo deseje, como uma das coisas abaixo:
- cura para diversos tipos de doença, do resfriado ao câncer;
- uma maneira de isolar bem o som, para que as pessoas possam escutar música no volume que quiserem sem incomodar ninguém;
- plantações autofertilizantes para resolver o problema da fome no mundo;
- um analgésico sem efeitos colaterais;
- um supercondutor que funciona em temperatura ambiente, desperdiçando menos energia;
- um robô inteligente;
- uma maneira de neutralizar o lixo nuclear;
- um bom substituto para a madeira, para acabarmos com o desflorestamento.

É claro que já existem universidades e grandes empresas trabalhando nessas coisas. Portanto, se você não quiser competir com elas — nem se juntar a elas —, deve inventar algo incrível que todo mundo quer, mesmo sem saber que quer, como o fonógrafo.

Então você se tornará um Morto de Fama como...

Inventores e suas ideias brilhantes

INVENÇÕES SUPERFAMOSAS: DA RODA À ESPAÇONAVE EM POUCOS QUADRINHOS

Inventores e suas ideias brilhantes

Invenções superfamosas

Inventores e suas ideias brilhantes

Invenções superfamosas

1ª EDIÇÃO [2011] 21 reimpressões

Esta obra foi composta por Américo Freiria em Wilke e impressa em ofsete pela Gráfica Bartira sobre papel Pólen da Suzano S.A. para a Editora Schwarcz em maio de 2024

A marca FSC® é a garantia de que a madeira utilizada na fabricação do papel deste livro provém de florestas que foram gerenciadas de maneira ambientalmente correta, socialmente justa e economicamente viável, além de outras fontes de origem controlada.